ROBERT JERMAIN THOMAS

▲ 토마스 선교사의 아버지, 로버트 토마스 목사

▲ 로버트 저메인 토마스 (1839 – 1866)

▲ 로버트 토마스 목사의 멘토 역할을 했던 윌리엄 윌리엄스 목사

▲ 토마스 선교사의 아버지가 사역했던 스완지 실로 교회

▲ 토마스 선교사가 자랐던 웨일스 슬라노버의 하노버 교회 사택

▲ 토마스 선교사가 어린 시절을 보낸 아름다운 라야더 전경

ROBERT JERMAIN THOMAS

▲ 토마스 선교사가 다닌 초등학교

▲ 소년 토마스를 후원한 슬라노버 남작 부인, 오거스타 웨딩턴

▲ 토마스 선교사가 재학했던 슬란도버리 칼리지의 전경

▲ 당시 슬란도버리 칼리지의 교사들

▲ 토마스 선교사를 선교사로 파송한 슬라노버의 하노버 교회

ROBERT JERMAIN THOMAS

▲ 토마스 선교사의 아내,
　캐롤라인 고드프리

▲ 캐롤라인이 유아 세례를 받은 포서링게이 교회

▲ 고드프리 가 저택

▲ 16세의 토마스 선교사가
　재직했던 온들의 초등학교

▲ 토마스 선교사가 수학했던 런던 대학교 뉴 칼리지

ROBERT JERMAIN THOMAS

◀ 런던 대학교 뉴 칼리지의 학장 새뮤얼 뉴스

▲ 중국 내륙 지방 선교의 선구자로서 토마스 선교사에게 영향을 끼친 그리피스 존 선교사

◀ 토마스 선교사에게 중국 선교를 꿈꾸게 한 록하트 박사

▲ 토마스 선교사가 런던에서 하숙했던 집

◀ 토마스 선교사가 런던에 거주할 때 출석했던 웨스트민스터 교회

▲ 토마스 내외가 중국으로 갈 때 탔던 폴메이스 호

▲ 토마스와 캐롤라인이 결혼식을 올린 켄티시타운 교회

▲ 토마스의 큰 누이동생, 엘리자베스 토마스

▲ 토마스의 둘째 여동생, 새러 토마스

▲ 토마스의 형, 윌리엄 칼빈 토마스

ROBERT JERMAIN THOMAS

◀ 첫 사역지 상하이에서 동역했던 런던 선교회 상하이 지부장, 뮤어헤드

▲ 토마스 선교사의 동역자, 조셉 에드킨스

▲ 토마스가 통역관으로 근무하던 당시의 즈푸

▲ 토마스가 사역했던 베이징 교회 예배당

▲ 토마스가 사역했던 베이징 교회

▲ 토마스 선교사가 사역할 당시의 상하이 선창 풍경

ROBERT JERMAIN THOMAS

▲ 백령도의 기독교 역사관

▲ 토마스가 조선 전도 여행을 시도할 무렵 조선 실권을 잡고 있던 흥선 대원군

▲ 당시 대동강 모란봉 풍경

▲ 19세기 말경 조선 수비병과 문정관

▲ 토마스 선교사의 무덤

ROBERT JERMAIN THOMAS

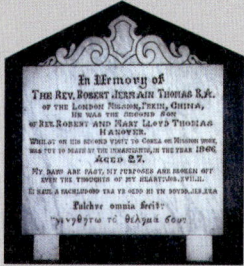

▲ 영국 웨일스 하노버 교회당에 있는 토마스 선교사의 순교 기념패

▲ 토마스 선교사가 순교한 쑥섬 강변에 서 있는 오문환 장로

▲ 혜촌 김학수의 '토마스 목사의 죽음'

▲ 토마스 선교사 순교 기념 교회(평양)

▲ 토마스 선교사의 여동생 엘리자베스 토마스의 후손들

조 선 땅 최 초 의 기 독 교 순 교 자

대동강가에 떨어진
한 알의 밀알

토마스
목사전傳

|유해석|

생명의말씀사

대동강가에 떨어진 한 알의 밀알

토마스 목사전(傳)

ⓒ 생명의말씀사 2006

2006년 4월 10일 1판 1쇄 발행
2018년 5월 25일   12쇄 발행

펴낸이 | 김재권
펴낸곳 | 생명의말씀사

등록 | 1962. 1. 10. No.300-1962-1
주소 | 서울시 종로구 경희궁1길 5-9(110-062)
전화 | 02)738-6555(본사) · 02)3159-7979(영업)
팩스 | 02)739-3824(본사) · 080-022-8585(영업)

지은이 | 유해석

기획편집 | 태현주
디자인 | 박소정, 염혜란
인쇄 | 영진문원
제본 | 정문바인텍

ISBN 89-04-11078-5

저작권자의 허락없이 이 책의 일부 또는 전체를
무단 복제, 전재, 발췌하면 저작권법에 의해 처벌을 받습니다.

조 선 땅 최 초 의 기 독 교 순 교 자

대동강가에 떨어진
한 알의 밀알

토마스
목사전傳

| 추천사 |

고무송 목사 한국 교회 인물 연구소 소장

망각의 세월 속에서 역사 무대로

2006년은 토마스 목사 Rev. Robert Jermain Thomas 1839-1866가 대동강변에서 순교의 제물이 된 지 140주년이 되는 해이다. 그 때 그의 나이 스물일곱, 한껏 피어오르는 청춘이었다. 한국 교회가 1907년 평양 대부흥 100주년은 열심히 노래하지만 그보다 40년 전에 있었던 토마스 목사의 순교는 까맣게 잊고 있는 것처럼 느껴지는 요즘, 그에 관해 진솔하게 이야기하고 있는 책 『토마스 목사전傳』이 출간되는 것을 저으기 다행스럽게 생각한다.

망각의 세월 속에 묻혀져 있던 토마스 목사를 최초로 역사 무대에 끌어올린 공로는 '도마스 목사 순교 기념 전도회'의 회장 마포삼열 馬布三悅, Samuel A. Moffet 선교사와 총무 오문환 장로에게 돌려진다. 오 장로가 집필한 『도마스 목사전』은 토마스 목사에 관한 최초의 단행본이라 할 것이다. 그 후 교회사가인 백낙준 박사에 의해 연구 논문에 언급되었고, 마포삼락 馬布三樂, Samuel H. Moffet 선교사와 민경배 박사, 이만열 교수 등에 의해 연구 발표가 이어졌다. 그 밖에도 그에 관한 단편적인 언급이 없지 않았으나, 졸저 『토마스와 함께 떠나는 순례 여행』쿰란출판사이 최초로 집필된 박사 학위 논문으로 알려져 있다.

'대동강의 영웅'으로 한국 교회 속에서 널리 회자膾炙되었던 토마스 목사는 최근 여러 차원에서 논의되고 있으나 자료의 결핍과 인식의 부족으로 인해 활성화되지 못하고 있는 형편이었다. 차제에 토마스 목사 순교 140주년에 즈음하여 유해석 목사님에 의해 토마스 목사의 삶과 사역을 다룬 책이 세상에 나오게 된 것은 여러 모로 의미가 깊은 일이라 할 것이다. FIM Fellowship for International Mission 국제 선교회 대표로서 이슬람 선교에 헌신하고 있는 저자는 선교 본부가 위치한 웨일스 지역이 바로 토마스 목사의 고향이라는 점에서 토마스 목사에게 관심을 갖게 되었고, 필자와 더불어 교분을 나누면서 그에 관한 자료들을 발굴하는 데 많은 노력을 기울여 왔다. 그 동안 귀한 자료들을 모아들이고 현장감 넘치는 책을 출판하게 된 것은 자칫 잊혀지고 있는 토마스 목사에 관한 연구를 활성화시키는 데 크게 기여할 것으로 기대하며 저자의 노고를 높이 평가하는 바이다.

삼가 유해석 목사님이 발굴하고 수집한 자료들이 토마스 목사에 대한 관심과 연구에 귀한 밑거름이 되기를 바라는 마음 간절하며, 그의 남다른 정성과 기도의 열매인 『토마스 목사전傳』을 독자 여러분에게 기쁜 마음으로 추천해 올린다

김의환 목사 칼빈 대학교 총장

　복음을 전하고자 하는 순수한 열정을 안고 조선 땅에 들어왔다가 순교한 토마스 선교사의 생애가 책으로 출간된다는 것은 감격스러운 일이 아닐 수 없습니다.
　이 책을 쓴 유해석 목사님은 이슬람권에서 선교 활동을 하다가 현재는 토마스 선교사가 자라고 파송을 받았던 영국 웨일스에서 FIM 국제 선교회 대표로 사역하고 있는 귀한 분입니다. 누구보다도 웨일스 현장에서 토마스 선교사에 대한 연구를 하고 있는 분이 이 책을 썼기에 신뢰와 기쁨이 있습니다.
　유해석 목사님은 지난 6년간 이 책을 집필하면서 관련된 자료들을 수집하는 데 많은 노력을 기울였습니다. 한국 교회 역사상 처음으로 공개되는 화보와 문헌들을 찾기 위하여 동분서주하였으며 여전히 웨일스에서 살고 있는 토마스 가家의 후손들과 돈독한 관계를 유지하면서 많은 자료와 정보를 확보하였습니다.
　이 책이 더 일찍 출간되었다면 하는 아쉬움이 있지만 토마스 선교사의 순교 140주기가 되는 때에나마 이렇게 귀한 책이 나오게 되었으니 감사한 일이 아닐 수 없습니다. 이 책은 철저한 고증을 거친 자료들을 바탕으로 사실 위에 가슴으로 쓴 글이기에 모든 기독교인들에게 깊은 감동을 안겨줄 것입니다. 많은 기독교인들이 이 책을 읽고 한국에 첫 번째 복음이 들어오게 된 경위를 이해하고 후손들에게도 가르치며 토마스 선교사에 대한 복음의 빚을 조금이라도 갚기 위하여 최선을 다하게 되기를 바랍니다.

이동원 목사 지구촌 교회 담임 목사

    토마스 선교사의 존재는 한국 성도에게는 일종의 신화입니다. 무엇이든 최초에는 어떤 신화가 창조되게 마련입니다. 이런 신화는 우리에게 축복일 수도 있고 장애물일 수도 있습니다.
    토마스 선교사의 존재는 두 가지 역할을 다했다는 생각이 듭니다. 최초의 순교라는 무용담으로 우리는 그에게 순교의 빚을 져야 했습니다. 그러나 고증되지 않은 역사로 사실 확인의 빚 역시 져야 했습니다.
    토마스의 고향에서 사역하시는 유해석 목사님의 헌신으로 한국 교회는 이제 이 빚을 갚고 성숙한 일어섬을 이룰 수 있게 되었습니다. 유해석 목사님은 영국 웨일스에서 수집한 충실한 고증 문헌과 화보를 첨부하여 신화 뒤의 진실을 전달하고 있습니다. 여기서 한국 교회는 단순한 영웅도 침략자도 아닌 우리가 진정 소중히 여겨야 할 선교사 토마스를 다시 만나게 됩니다.
    평양 대부흥 100주년을 맞아 다시 부흥을 갈구하는 한국 교회가 우리에게 처음 복음을 가져왔던 토마스 선교사의 가슴과 눈으로 선교의 교훈을 얻고 오늘의 한국 교회가 다시 감당해야 할 책임을 확인할 수 있다면, 이 책은 우리를 새로운 부흥의 미래로 가게 하는 길잡이요 한국 교회의 성숙한 선교를 모색하게 하는 나침반이 될 것입니다.
    부흥을 갈구하는 평신도들에게는 헌신의 참 의미를, 선교를 정탐하는 헌신자들에게는 헌신의 참 방향을, 역사의 진정성을 탐구하는 이들에게는 다시 없는 지침을 제시하는 이 책을 감사함으로 추천하고 싶습니다.
    다시 한번 평양의 부흥을 기다리며······.

| 저자 서문 |

오늘 나는 웨일스에 있는 토마스 선교사의 생가를 방문하고 그가 파송을 받았던 하노버 교회에서 주일 예배 설교를 하고 돌아왔다. 언제나 하노버 교회에 가면 과거 담임 목사였던 토마스 선교사의 아버지와 그의 가족들이 뛰어나와 기쁨으로 맞이해 줄 것만 같다.

토마스 선교사와의 만남은 청소년 시절에 생전 처음 나갔던 교회에서 시작되었다. 그 교회에서 나는 토마스 선교사에 대한 이야기를 처음 들었다. 조선에 복음을 전하러 왔다가 27세의 꽃다운 나이에 순교했던 사람, 아내의 죽음에 비통해 하면서도 사역을 포기하지 않았던 사람, 당시 내 가슴을 뭉클하게 하고 눈물을 자아냈던 그의 삶은 그 후 나의 역할 모델이 되었다.

16년 전 신학교를 졸업한 후 나는 드디어 영국 땅을 밟았다. 언어 교육을 위한 발걸음이었지만, 1990년 6월 어느 날 그토록 가보고 싶었던 토마스 선교사의 생가와 그가 파송받은 교회를 찾아갈 수 있었다. 1년 중 160일이 비가 내리는 영국답게 그 날도 비가 오고 있었고 교회 문은 잠겨 있었다. 그래도 교회 입구에 선 내 마음은 이루 형언할 수 없는 감회에 젖어들었었다.

그 후에 나는 중동에 들어가서 선교사로 사역하며 살았다. 그리고 9년 전 FIM 국제 선교회 대표로서 남부 웨일스 슬라넬리Llanelli라는 도시에서 새로운 사역을 시작하게 되었다.

어느 날 노방 전도를 마치고 짐을 정리하는데 연로한 노인 한 분이 다가와 "토마스 선교사를 아느냐?"고 물어왔다. 사실 오랫동안 잊고 있었던 토마스 선교사였다. 그 노인은 토마스 선교사의 가족들이 이 도시에 살았었다는 말을 남기고 사라졌다.

그 후에 지역 신문사 기자와 인터뷰를 하는 중에 토마스 선교사에 대해 복음의 빚이 있다는 이야기를 할 기회가 있었다. 그 기사가 나간 후 그러니까 지금으로부터 7년 전 어느 날 한 노부부가 붉은 보자기를 들고 사무실로 나를 찾아왔다. 꼿꼿한 인상의 노인은 자신을 토마스 선교사의 여동생 엘리자베스 토마스의 4대손 스티븐 리스 Stephen Rees라고 소개하고 그 동안 모아 놓은 토마스 선교사에 대한 자료라고 보따리를 나에게 건네주었다.

당시에 나는 한국과 중동과 웨일스를 오가며 무척 바쁜 시간을 보내고 있었다. 미안하게도 보따리는 2년간이나 사무실 구석에 있었다. 그리고 5년 전 모처럼 시간이 주어졌을 때 마침 웨일스 대학교에 제출해야 할 논문도 있었던 터라 그 보자기를 풀어서 살펴보게 되었다.

붉은 보자기 안에는 많은 자료들이 나를 기다리고 있었다. 1928년에 출간된 오문환 장로의 『도마스 목사전』을 비롯하여 한국에서는 찾을 수 없는 희귀한 자료들이 쏟아져 나왔다. 그 속에는 토마스 선교사가 중국 사역지에서 가족들에게 보낸 5통의 편지 사본을 비롯하여 토마스 선교사의 앨범도 고스란히 들어 있었다.

그 후 토마스 선교사가 런던 선교회에 보낸 20여 통의 편지와 대학 시절 이사회에 보고하였던 편지 등을 발굴하였다. 그 서신들에 남아 있는 기록을 참조하여 지역 역사 박물관에서 과거의 주소들을 찾을 수 있었다. 또한 토마스 선교사와 그의 가족들에 대한 신문 기사들도 수집하였다.

지난 연말에는 토마스 선교사의 아버지 로버트 토마스 목사의 사진을 웨일스 국립 도서관에서 찾을 수 있었다.

토마스 선교사는 많은 오해를 받았다. 파송 선교회로부터도 한국에 간 것에 대하여 선교지를 무단이탈한 선교사라는 비난을 들었다. 조선 전도 여행을 준비하면서 동료 선교사들의 반대에 부딪히기도 했다. 뿐만 아니라 한국인들로부터는 제너럴셔먼 호의 통역관으로 온 제국주의의 앞잡이였다는 질시를 받았다.

나는 결코 토마스 선교사에 대한 오해를 풀기 위하여 이 글을 쓰지 않았다. 최대한 객관적인 안목으로 그의 27년 생애를 조명해 보려고 노력하였다. 그럼에도 불구하고 그에 대하여 연구하면 할수록 더욱 분명해지는 몇 가지 사실이 있었다.

첫째, 토마스 선교사는 당시 '해가 지지 않는 나라'라 불렸던 대영제국의 선교사로서 결코 교만한 자세를 가지지 않았다. 선교사 지원서를 썼던 16세 때 이래로 그가 남긴 서신들 어느 한 구석에서도 선교지나 선교지의 백성들을 무시하는 내용을 발견할 수가 없다. 이 사실은 토마스에 관하여 평가한 다른 사역자들의 언급에서도 변함없이 알 수 있는 것이다. 특히 생애 말기에 쓴 편지에 나타난 조선인에 대한 태도나 평가는 놀라울 정도로 긍정적이며 미래지향적이다.

둘째, 토마스 선교사는 복음으로 철저하게 무장된 사람이었다. 어린 시절부터 목회자였던 부친과 기도하는 어머니로부터 물려받은 신앙과 선교 사명에 대한 자각으로 한국 땅에서 순교의 피를 흘리기까지 그의 삶은 철저한 복음주의자로서의 삶이었고 마지막 청교도로서의 삶이었다.

셋째, 무엇보다도 중요한 것은 그에 대하여 알면 알수록 그를 인도하신 주님의 섬세한 손길을 외면할 수 없다는 사실이다. 주님은 그를 통하여 척

박한 조선 땅에 복음의 꽃이 피어나게 하셨다. 그 짧은 생애 동안 그가 겪었던 사건 하나하나는 한국 땅에서 한 알의 밀알이 되도록 인도하신 하나님의 섭리였다. 그의 생애를 연구하면서 수없이 느꼈던 하나님의 오묘하신 손길을 독자들도 느끼기를 소망한다.

이 책이 나오기까지 받았던 수많은 도움과 조언들에 깊은 감사의 말씀들을 드리고 싶다. 특히, 내게 은사와도 같으신 한국 교회 인물 연구소 소장 고무송 목사님은 일찍이 토마스 선교사에 대한 연구로 영국 버밍엄 대학교에서 박사 학위를 받으시고 『토마스와 함께 떠나는 순례 여행』을 출간하여 한국 교회에 토마스 선교사의 순교의 중요성과 의미를 재조명하신 분이다. 이 책을 쓰는 동안 궁금한 내용들을 수시로 문의하였으며, 바쁘신 중에도 많은 도움을 주셨음에 진심으로 감사드린다.

이 한 권의 책을 위하여 전능하신 하나님께서 부족한 나를 9년 동안 웨일스에서 사역하게 하셨다 해도 후회가 없다. 토마스 선교사를 통하여 한국 내륙에 깊숙이 들어온 복음이 평양 부흥 운동으로 연결되어 오늘날에 이르게 된 한국 기독교사를 생각하며, 이제는 우리 시대에 선교의 열정이 다시 한번 타올라 토마스와 같은 젊은이들이 일어나기를 두 손 모아 기도한다.

토마스 선교사가 대동강변에서 순교한 지 140년이 되는
2006년 3월, 영국 웨일스에서 유해석

Contents

■ 추천사 · 4
■ 저자 서문 · 8

프롤로그　땅에 떨어져 죽은 한 알의 밀알 · 16

1. 오 사랑 나의 집, 웨일스

STORY 1　웨일스, 꽃 피고 새 우는 내 집, 내 그리운 고향 · 27
STORY 2　스완지의 젊은 목회자, 로버트 토마스 · 30
STORY 3　푸른 골짜기, 라야더의 수선화 · 40
STORY 4　슈거로프 산 아래 하얀 벽돌집 · 46
STORY 5　명민(明敏)한 어린 생도 · 52
STORY 6　궨트의 꿀벌, 슬라노버 남작 부인 오거스타 웨딩턴 · 58
STORY 7　14세의 옥스퍼드 대학교 지저스 칼리지 장학생 · 63

2. 향기 그윽한 푸른 옷소매, 잉글랜드의 숙녀

STORY 8　목회를 꿈꾸는 외과 의사 견습생 · 75
STORY 9　향기 그윽한 푸른 옷소매 · 80
STORY 10　하노버 교회 단상에 선 17세의 설교자 · 88
STORY 11　세인트존스우드의 상아탑, 런던 대학교 뉴 칼리지의 신입생 · 91
STORY 12　웨일스 신앙 부흥 운동의 거센 물결 · 96
STORY 13　내가 여기 있나이다 나를 보내소서 · 99
STORY 14　역사를 준비하는 젊은이 · 106
STORY 15　내 사랑, 그 산기슭에 함께 누울 때까지 · 114

3. 산이 푸르니, 더 타는 듯 붉은 목단화

STORY 16　안개 낀 그레이브젠드 항구에 서서 · 123
STORY 17　산이 푸르니 더 타는 듯 붉은 꽃, 상하이 · 130

STORY 18	때 아닌 서리가 꽃을 떨어뜨리고 · 136
STORY 19	사무친 그리움을 딛고 서다 · 148
STORY 20	삐걱거리는 수레바퀴 · 156
STORY 21	런던 선교회의 울타리를 벗어나 · 162
STORY 22	먼저 가서 형제와 화목하고 · 170

4. 눈 기약 능히 지킨 어린 매화

STORY 23	어리고 성긴 가지의 기약 · 179
STORY 24	선택받은 섬, 백령도 · 186
STORY 25	3천 년 고도(古都), 베이징의 선교사 · 198

5. 뉘라서 굽다던고, 눈 맞아 휘어진 대를

STORY 26	베이징에 찾아온 조선 사신 · 207
STORY 27	동방의 웨일스, 조선 · 210
STORY 28	조선행 제너럴셔먼 호 · 218
STORY 29	두 번째 조선 여행길, 대동강을 거슬러 올라가 · 230
STORY 30	제너럴셔먼 호를 향한 돌팔매질 · 242
STORY 31	조선 땅의 첫 기독교 순교자 · 245

에필로그 한 알의 밀알은 풍성한 열매를 맺고 · 256

■ 토마스 선교사의 삶과 사건들 · 274
■ 참고 문헌 · 278

조 선 땅 최 초 의 기 독 교 순 교 자

대동강가에 떨어진
한 알의 밀알

토마스
목사전傳

프롤로그
땅에 떨어져 죽은 한 알의 밀알

　1866년 9월 4일, 달빛도 없는 어두운 밤 짙은 안개로 뒤덮인 모래톱에 제너럴셔먼 호는 그 위풍당당한 외양이 무색하게 꼼짝 못하고 좌초되고 말았다. 8월 9일 즈푸芝罘를 떠나 백령도를 거쳐 대동강을 거슬러 온 지 3주 이상이 지난 시점이었다. 조선군과의 숨막히는 대치 끝에 결국 한사정閑似亭을 마주한 작은 쑥섬蓬萊島에 갇히고 만 것이다.

　그리고 다음날 평안도 감사였던 박규수의 명에 의해 조선 관군은 유황을 뿌린 솔가지와 풀을 가득 실은 배에다 불을 붙여 제너럴셔먼 호 쪽으로 떠내려가게 하였고 옴짝달싹 못하고 갇혀 있던 상선은 불길에 휩싸이게 되었다. 많은 사람들이 불에 타 죽었고 물에 뛰어들었다가 헤엄쳐 나온 자들도 모두 창에 찔려 죽거나 곤봉에 맞아 죽었다.

　당시 조선은 대원군의 천주교 대박해가 일어난 시기였으며, 철저한 쇄국 정책 아래 경계가 매우 엄중하던 때였다. 당연히 경계를 하고 있던 병사들에게 아무리 통상이 목적이라고 한들 이 이양선異樣船의 출현은 보통 일이 아니었다.

　저지에도 불구하고 평양 만경대萬景臺까지 올라와 교역을 강요한 데다 조선 중군 이현익을 납치해 가면서 상황은 불행한 종국으로 치달았다. 분노와 적개심으로 가득 찬 조선 관군과의 교전 끝에 비단, 유리, 바늘, 그릇, 자명종, 천리경 등 교역에 필요한 물품들이 실려 있던 배는 불타오르고 탑승자 전원이 몰살되는 상황에 놓이게 된 것이다.

고슴도치같이 화살로 뒤덮인 뱃전에는 자신의 생애가 끝나감을 직감한 벽안의 청년이 서 있었다. 젊은이다운 패기와 성직자다운 사려 깊음이 새겨진 얼굴은 망설임과 결단 사이를 오가는 비장함으로 창백하였다. 조선 내륙 선교의 사명으로 긴 여정을 거쳐 온 그는 이대로 가다가는 복음을 전하지도 못하고 죽고 말리라는 것을 깨닫지 않을 수 없었다. 입술이 떨려 왔지만, 이미 죽기까지 복음을 전하기로 한 그는 화살과 총알이 빗발치고 포연이 자욱한 갑판 위에서 목청껏 소리쳤다.

예수! 예수! 예수!

무너지는 구조물들과 난무하는 비명소리에 지지 않으려는 듯 혼신을 다해 외치며 배 바깥으로 정신없이 성경과 기독교 서적들을 던지고 남아 있던 전도지들을 뿌렸다. 드디어 한 권, 마지막으로 남은 성경을 쥐고 그는 주변을 돌아보았다. 화염으로 가득한 갑판 너머 강둑에 분기탱천한 조선인들과 죽어가는 선원들이 보였다.

그의 주변에서만 시간이 멈춘 듯 모든 소란이 그의 귀에서 단절되었다. 이름 모를 관목들과 낯선 구릉들이 펼쳐져 있는 강가 풍경만이 눈에 들어왔다. 순식간에 눈앞에는 고향 웨일스의 비단결같이 펼쳐진 푸른 들과 강줄기가 떠올랐다. 사랑하는 가족들과 동역자들, 그리고 가슴 저미는 슬픔으로 떠오르는 필생의 연인 사랑하는 아내 캐롤라인의 모습이…….

결국 그는 '은자의 나라'에 도착한 것이다.

그는 성경을 가슴에 품고 배에서 뛰어내렸다. 험한 손길들에 의해 물가에서 끌려나온 그는 백사장에 두 무릎을 꿇고 머리 숙여 기도드리기 시작했다. 고개를 든 청년의 입가에는 미소가 어려 있었다. 그렇게 하는 것이 지극히 당연한 일인 듯 그는 품속의 성경을 꺼내어 위협하는 병사에게 건네며 받기를 종용했다. 푸른 눈동자에 깃든 감정이 지나치게 초연하고 평안해 보였을까? 그 병사의 칼은 마지막까지 침착해 보이는 청년의 가슴을 꿰뚫었다.

로버트 저메인 토마스 Robert Jermain Thomas, 런던 선교회 소속 선교사이지만 스코틀랜드 성서공회의 대리인 자격으로 온 그는 자신의 생일을 이틀 앞둔 1866년 9월 5일, 조선 땅에 최초로 복음을 전하러 온 선교사라는 긍지를 가지고 평양의 한사정이 바라다보이는 대동강 쑥섬 모래 사장에서 생을 마감하였다.

어느 누가 생을 원치 않겠는가? 어느 누가 자신의 젊음을 귀하게 여기지 않겠는가? 그러나 여기 복음을 위하여 기꺼이 자기의 젊음을 헌신하고 죽음다운 죽음은 도리어 영광임을 드러낸 토마스 선교사는 자신이 그토록 가고자 했던 땅, 그로서는 이름 모를 섬 상단 한 모퉁이에 매장되었다.

"내가 진실로 진실로 너희에게 이르노니 한 알의 밀이 땅에 떨어져 죽지 아니하면 한 알 그대로 있고 죽으면 많은 열매를 맺느니라" 요한복음 12:24.

토마스 선교사가

중국 즈푸에서 조선으로 떠나기 8일 전에 런던 선교회로 쓴 마지막 편지 중에서

존경하는 티드맨 Arthur Tidman 총무님께

유럽에서 전쟁이 시작되었다는 소식을 들은 최근, 중국에서 손이 닿을 듯 가까운 거리에 있는 조선에서는 무참한 대량 학살*이 일어났습니다.

2명의 천주교 주교와 7명의 천주교 선교사가 고문을 당한 후 잔인하게 목이 베어졌습니다. 잘 알려지지 않고 엄격한 나라인 조선에서 천주교 선교사들은 오랫동안 숨어서 사역해 왔습니다.

약 한 달 전, 조선 배 한 척이 배 이물에 프랑스 깃발을 달고 항구에 들어왔습니다. 프랑스 선교사인 리델 Felix Clair Ridel 신부와 2명을 제외하고 모두 천주교 신자들인 조선인들이었습니다. 리델 신부에 따르면 조선 북동쪽에 위치한 러시아의 불길한 영토 확장으로 인하여 박해가 일어났다고 합니다. 또 다른 견해로는 천주교 신자들이 조선 정부를 전복하기 위하여 비밀리에 음모를 계획했기 때문이라고 합니다.

조선에는 이번 사건에 연루된 주교들이 세운 학교가 있었는데, 그들은 그 곳에서 오랫동안 연구를 거듭하여 중국어-조선어-라틴어 사전

을 편집하고 인쇄하였으며 조선의 지리와 역사에 관한 책도 냈습니다. 리델 신부에 따르면 조선 정서에 맞도록 이 학교에서 제작되어 수년간 사용되었던 미사 책과 교리 문답서 등도 이번 박해 사건 때 모두 불타 버렸다고 합니다.

제가 작년 조선에 있을 때 수집해 두었던 조선말들은 나중에 초보 기독교인들을 위한 책을 만드는 데 유용하게 쓰일 것입니다.

천주교인들에 대한 대대적인 학살이라는 슬픈 소식이 베이징北京에 들려오자 주중 프랑스 대리 공사는 곧 베이징을 떠나 텐진天津으로 출발하였습니다. 그는 프랑스 해군 사령관의 협조하에 즉시 원정군을 보내 조선의 산중에 피신한 것으로 추정되는 선교사 2명을 구하고, 학살에 대한 배상을 요구하고, 서양과의 무역에 대해 수년간 폐쇄해 온 문

척화비

병인 박해 丙寅迫害 조선 후기(고종 3년)에 일어난 우리나라 최대 규모의 가톨릭 박해 사건이다. 대원군은 텐진(天津) 조약 이후 러시아로부터 받게 된 통상 압력을 프랑스의 힘을 빌려 막고자 하였으나 뜻대로 되지 않자 쇄국양이(鎖國攘夷)와 사교금압(邪敎禁壓)의 정책으로 전환하고 가톨릭 박해령을 선포했다. 이에 1866년부터 1871년까지 4차례에 걸쳐 박해가 전개되어 베르뇌(Siméon François Berneux) 주교를 비롯한 9명의 프랑스 선교사와 8천여 명의 가톨릭교도들이 학살되었다. 이 때 탈출한 리델 신부가 텐진에 있던 프랑스 해군 사령관 로즈(Pierre Gustave Roze) 제독에게 이 사실을 알렸고, 이에 로즈가 7척의 군함을 이끌고 내침함으로써 병인양요(丙寅洋擾)가 일어났다.

호를 개방할 것을 요구하기로 결정하였습니다.

  베이징은 선교사들에게 있어 극동 지역에서 가장 중요한 사역지입니다. 일 년에 한두 차례 아시아 전역에서 사절단들이 베이징을 방문합니다. 조선, 몽고, 그리고 티베트 사절단들은 자유롭게 우리와 어울렸습니다. 조선인들은 다른 어느 민족보다도 복음의 진리에 접근할 수 있는 가능성이 커 보입니다. 조선에서 불교는 중국보다 세력이 약합니다. 또한 조선인들은 중국 북부에 사는 낮은 계급의 중국인들보다 한문을 훨씬 더 잘 알고 있습니다.

  작년에 조선을 방문했을 때, 저는 주로 서해안 지역에서 성경책과 기독교 서적들을 나누어 주었습니다.

  그리고 금년 1월 베이징에서 조선으로부터 온 동지사冬至使* 한 명을 만났는데, 낯선 그가 제 손에 중국어로 쓰여진 종이 한 장을 쥐어 주었습니다. 그 종이에는 작년 한 외국인이 조선 서해안에서 나누어 주었던 마태복음을 구해 달라는 내용이 적혀 있었습니다.

  제가 서해안에 배포한 성경책이 조선의 수도에까지 전달되었다는

동지사 冬至使 조선 시대에 정기적으로 중국 명과 청에 보내던 사신을 말한다. 해마다 대개 동지를 전후하여 갔기 때문에 동지사라 불렸다. 정조사(正朝使), 성절사(聖節使)와 함께 삼절사(三節使)라 했다. 이들은 보통 동지 전후에 출발했다가 섣달 그믐 안으로 베이징에 도착하여 40–60일 가량 묵은 후 이듬해 2월 무렵에 떠나 3월말이나 4월초에 돌아오는 것이 관례였다. 대략 40여 명으로 구성되었으며 공물로 조선 특산인 인삼, 호피(虎皮), 수달피, 화문석, 종이, 모시, 명주, 금 등을 보냈는데, 답례로 중국으로부터도 특산품을 받아 공무역 형식이 되었다. 1894년(고종 31년) 갑오개혁 때까지 파견되었다.

사실을 그 쪽지로 인하여 알게 되었습니다. 하나님의 복음의 영향력은 결코 사라지지 않습니다. 저는 여전히 시간이 있을 때마다 부지런하게 조선어와 조선에 대한 지식을 배우고 있습니다.

　작년에는 어떤 어려움이 있을지도 모르고 조선을 방문했다가 폭풍의 위험과 외국인을 환영하지 않는 분위기에 처했지만, 그럼에도 저는 조선을 처음 방문하여 머문 최초의 기독교 선교사라는 긍지가 있었습니다.

　이번에도 상당히 많은 성경책과 기독교 서적을 가지고 출발하며, 이 모든 것이 그 곳 사람들의 환영을 받으리라고 기대하고 있습니다.

　베이징에서 우리의 사역은 하나님의 축복 아래 빠르게 진행되고 있습니다. 단 몇 주간이지만 베이징을 떠나는 것에 대하여 무척 미안하게 생각합니다. 그러나 기독교 선교사가 한번 들어갔던 나라에 다시 들어가는 일의 중요성에 대한 지부장 에드킨스 Joseph Edkins 선교사와 다른 여러 선교사들의 제안은, 저로 하여금 조선 내륙에서의 선교를 결심하게 하였습니다. 이는 앞으로 굉장히 유익한 방향의 변화를 불러올 것입니다. 이 알려지지 않은 나라에서의 로마 가톨릭의 실수와 순수한 성경의 가르침을 전파하는 우리의 노력을 이사회가 신뢰할 것을 믿습니다.

당신의 신실한 로버트 저메인 토마스
1866년 8월 1일 즈푸

PART 1
오 사랑 나의 집,
웨일스

웨일스, 꽃 피고 새 우는 내 집, 내 그리운 고향 | 스완지의 젊은 목회자, 로버트 토마스 | 푸른 골짜기, 라야더의 수선화 | 슈거로프 산 아래 하얀 벽돌집 | 명민(明敏)한 어린 생도 | 궨트의 꿀벌, 슬라노버 남작 부인 오거스타 웨딩턴 | 14세의 옥스퍼드 대학교 지저스 칼리지 장학생

즐거운 나의집 (Home, Sweet Home)
웨일스 민요로 알려진 이 세계적인 애창곡은 사실 민요들을 수집하고 연구하였던 작곡가 헨리 비숍(Henry R. Bishop)이 존 하워드 페인(John Howard Payne)의 시에 곡을 붙인 노래이다.

즐거운 곳에서는 날 오라 하여도 내 쉴 곳은 작은 집 내 집뿐이리
내 나라 내 기쁨 길이 쉴 곳도 꽃 피고 새 우는 내 집뿐이리
오 사랑 나의 집 즐거운 나의 벗 내 집뿐이리

"내가 살던 동네를 보고 싶은 마음은 어쩔 수 없는 일이지만
함께 뛰놀던 곳만큼은 정말 힘차게 달려 보고 싶구나."
_로버트 저메인 토마스, 동생에게 보내는 편지 중에서

STORY 1

웨일스,
꽃 피고 새 우는 내 집, 내 그리운 고향

　영국의 공식 명칭은 '그레이트브리튼 섬의 연합 왕국과 북부 아일랜드' United Kingdom of Great Britain and Northern Ireland이다. 그레이트브리튼 섬의 세 나라, 즉 잉글랜드, 스코틀랜드, 웨일스와 그 옆에 있는 아일랜드 섬의 북부 지방이 연합하여 한 나라가 되었다는 의미이다.

　본래 영국의 원주민은 켈트인이었다. 수천 년 전부터 켈트인은 유럽 전역에 흩어져 살고 있었다. 사도 바울이 쓴 갈라디아서에서 '갈라디아'라는 지명도 그 민족과 연관이 있다. 즉 소아시아 북쪽 고원 지대에 있던 이 지방의 이름은 '갈라타이의 땅'이라는 의미인데, '갈라타이' Galatai는 그리스인들이 켈트인을 부르는 이름이었다.

　켈트인은 주전 4세기경 로마에 침입하여 전역을 휩쓸며 약탈을 감행

했다. 갈리아 지방 대부분의 지역을 켈트화하였던 이들은 주전 58년경부터 로마의 율리우스 카이사르Gaius Julius Caesar의 지휘하에 있던 로마군과 전쟁을 벌이게 된다. 바로 주전 52년까지 이어진 갈리아 전쟁으로서, 카이사르는 연이어 승리를 거두었고 이 원정의 내막을 자신이 직접 집필한 『갈리아 전기』에서 상세히 밝히고 있다.

시간 흐름상 거꾸로 올라가는 감이 있지만, 이렇게 켈트인의 대륙 거점인 갈리아가 완전히 로마화되기 전인 주전 55년경, 율리우스 카이사르의 로마군은 브리튼 섬 역시 침략하였다. 로마군은 주후 5세기 초 로마 자국의 방어를 위해 브리튼 섬에서 철수했으나, 켈트인이 국가 체제를 채 정비하기도 전에 앵글인과 색슨인이 이주하여 지금 우리가 알고 있는 잉글랜드에 자리 잡게 되었다. 이 때 서쪽으로 물러간 켈트인이 웨일스인이 되었고, 북쪽으로 이주한 켈트인은 스코틀랜드인으로 정착하였다.

당시 침략자들에 대해 줄기차게 저항하던 웨일스의 역사에 있어 특기할 만한 인물은 6세기에 실재했으며 이후 낭만적인 전설의 주인공이 된 아서Arthur왕*이다. 9세기가 되면서 웨일스인들은 자신들이 살고 있는 곳을 '켈트인의 나라'Cymru라고 부르며 정체성을 유지하고 있었으나, 1282년 결국 잉글랜드의 에드워드 1세Edward I에 의해 무력으로

아서왕

아서왕 전설 켈트인의 전설적 영웅인 아서(Arthur)왕과 그의 신하들이 겪은 갖가지 일화와 로맨스를 엮은 낭만적인 영웅담이다. 6세기경에 실재했던 아서왕은 8세기 말의 역사가 넨니우스(Nennius)의 『영국사』에 의하면 '켈트인의 한 무장으로서 그 당시 침입해 온 색슨인을 때때로 격퇴한' 인물이다. 그러나 사실 브리튼 섬의 켈트인은 앵글로색슨인의 침입에 밀려 본토에서 쫓겨났고, 그 후 켈트인의 부흥을 대변하는 영웅으로서 아서왕이 미화된 것으로 추정된다. 이 전설은 무예를 중히 여기고 용기, 고결, 우애 등을 삶의 지표로 삼는 기사도의 미덕을 표현하고 있는데, 드라마틱한 전개에 기독교적 상징과 의식을 곁들여 중세적 매력을 더하고 있다.

점령당하고 병합되었다. 그러나 잉글랜드의 지배하에서도 웨일스의 문화 전통과 고유 언어는 훼손되지 않고 그 면면을 이어갔다.

15세기 말부터 17세기 초까지 이어진 튜더 왕조의 시조, 헨리 튜더 Henry Tudor*는 웨일스의 펨브룩셔 출신이었다. 그가 웨일스에서 태어났다는 사실로 인하여 웨일스와 잉글랜드의 통합은 큰 거부 반응 없이 순조롭게 진행되었고, 1536년 웨일스 지역의 대표를 웨스트민스터 의회가 받아들이면서 완전한 통합이 이루어졌다.

웨일스 사람들은 자신들이 켈트인이라는 긍지가 있다. 그들의 생활은 언제나 여유가 있고, 시와 음악을 사랑하며, 사람 중심의 가치관을 가지고 있다. 특히 그들의 일체감을 강화시키는 가장 큰 특징은 그들이 여전히 고유의 웨일스어를 사용한다는 것이다. 웨일스어는 영어와 다르다. 오히려 북부 이탈리아어와 비슷하며 어떤 발음들은 배우는 데만 몇 달이 걸리곤 한다.

긍지 높고 심미안 깊은 민족의 땅 웨일스, 그들의 민요 '즐거운 나의 집' Home, Sweet Home 에서처럼 웨일스인들로 하여금 '즐거운 곳에서는 날 오라 하여도 내 쉴 곳은 작은 집 내 집뿐이리' 라고 노래하게 만드는 그곳이 바로 토마스 목사의 '꽃 피고 새 우는 내 집, 내 그리운 고향' 이었다.

헨리 튜더

헨리 튜더 Henry Tudor, 1457 – 1509 웨일스 향신(鄕臣)의 후예인 리치먼드 백작 에드먼드 튜더(Edmund Tudor)의 아들로 태어났으나 모계 혈통에 따라 왕위 계승권을 가진 랭커스터(Lancaster) 가의 가장으로 인정되었다. 1455년부터 왕위 계승권을 놓고 벌어진 요크(York) 가와의 대치를 피해 프랑스로 망명했다가 1485년 귀국하여 리처드 3세(Richard III)를 격파하고 즉위하여 튜더 왕조의 문을 열었다. 그는 즉위와 함께 요크 가의 딸과 결혼하여 두 가문 사이의 이른바 장미전쟁을 종식시켰고, 사회 질서 확립에 힘쓰는 한편, 귀족 영지를 몰수하고 왕령지를 확대하는 등 봉건 귀족 세력을 억압하여 영국 절대주의의 기초를 단단히 하였다.

STORY 2

"로버트 토마스 목사의 설교는 메시지가 분명했으며 부드러웠고 많은 감동을 주었다. 그리고 처음부터 끝까지 복음적이었다."
_영국 교단 연감 목회자 자료 중에서

스물기의 젊은 목회자, 로버트 토마스

1810년 5월 22일, 로버트 토마스 Robert Thomas는 북부 웨일스 렉섬 Wrexham 근교의 전형적인 웨일스 가정에서 태어났다. 당시 웨일스의 인구 가운데 80%가 웨일스어를 사용하고 있었고, 토마스의 가정 역시 마찬가지였다. 그의 아버지는 기술자였다. 당시의 사회 상황으로 미루어 보건대 그다지 여유롭지는 못했으리라고 생각된다.

1800년대 북부 웨일스의 어린이들은 충분한 교육을 받지 못했고 어린 시절부터 열악한 환경에서 생업에 종사할 수밖에 없었다. 많은 어린이들이 탄광에서 채탄 작업 등 고된 일을 하였다.

로버트 토마스 목사

로버트 토마스도 그 굴레에서 벗어날 수 없었다. 그의 생애의 전환점은 그가 15세 되던 해 다니던 교회의 정식 회원이 되면서부터였다.

윌리엄 윌리엄스 목사

사람이 누구를 만나느냐 하는 것이 인생에서 얼마나 중요한 일인가는 두말할 필요가 없다. 특히 청소년 시절에는 주위 사람들에게서 많은 것들을 배우게 된다.

로버트 토마스는 담임 목회자였던 윌리엄 윌리엄스 William Williams of Wern 목사를 존경하고 그로부터 교육받는 것을 특권으로 생각했다. 따라서 그의 매너를 배우고 그의 설교를 따라하기도 하였다. 마음으로부터 경애하였기에 누구보다도 많은 영향을 받으며 자라갔다.

윌리엄스 목사는 당시에 존 일라이어스 John Elias, 크리스마스 에번스 Christmas Evans 와 함께 웨일스를 대표하는 목회자였으며, 웨일스 부흥 운동을 주도하는 인물이었다. 그는 설교 스타일을 기존의 방법에서 변형시켜 청중에게 많은 감동을 주는 설교자였다. 로버트 토마스는 점점 윌리엄스 목사를 닮아갔다.

그는 18세 때부터 그 교회에서 설교를 하게 되었다. 그리고 얼마 후 윌리엄스 목사의 제안을 받고 중부 웨일스 뉴타운 Newtown 에 있는 신학교에 입학하였다.

신학교에서 로버트 토마스는 설교 잘하는 학생으로 유명하였다. 그의 설교는 언제나 분명한 방향이 있었고 명료했다. 그의 부드러운 목소리는 설득력이 있었고 듣는 이들의 심금을 울리며 깊은 감화를 주었다.

한편 그는 신학교에 다니는 동안 조셉 애벗Joseph Abbott이 쓴 영어판 『집안에서의 어머니』라는 책을 웨일스어로 번역하였는데, 그 번역서의 서문을 윌리엄스 목사가 썼다.

로버트 토마스는 신학교를 졸업할 무렵 웨일스 남부의 항구 도시 스완지Swansea*에 있는 실로 교회로부터 담임 목사로 청빙을 받았다. 실로 교회의 초청을 받는다는 것은 대단히 영광스러운 일이었다. 당시 규모가 컸던 그 교회는 주변 지역에 많은 영향을 끼치며 부흥을 주도해 가고 있었다.

실로 교회에서 그가 목사 안수를 받은 때는 그의 나이 28세 되던, 1837년 4월 19일이었다. 독립 교회였던 실로 교회에서의 목사 안수는 전적으로 교인들의 투표와 찬성으로 결정이 되었다. 따라서 독신이었던 로버트 토마스가 그 교회에서 교인들의 전적인 동의 아래 안수를 받았다는 것은 그가 목회자로서의 자질과 헌신의 자세가 있는 사람이었음을 증명해 준다.

스완지 Swansea 영국 웨일스 웨스트글러모건 주의 주도로서, 토 강 하구에 있는 브리스틀 해협에 면한 항구 도시이다. 18세기 초까지 스완지는 조그만 시장 도시였지만, 산업혁명 이후 웨일스의 무연탄에 의존한 야금술이 성해지면서 중요한 석탄 적출항으로 인정받게 되었다. 이후 공업 중심지로서 계속 성장했으며, 주로 광석, 원유, 목재 등을 수입하고 석탄을 수출해 왔다. 오늘날에는 스완지 만의 넓은 바닷가와 아름다운 고어 해변을 중심으로 한 관광 휴양지로도 유명하다.

옛 스완지 시가

어린 시절부터 로버트 토마스를 지켜보았던 윌리엄스 목사는 당시 잉글랜드의 리버풀Liverpool에서 목회를 하고 있었다. 로버트 토마스가 안수받을 때 그를 지도했던 목회자로서 기쁨이 얼마나 컸는지, 그는 리버풀에서 스완지까지 260킬로미터나 되는 길을 마다하지 않고 며칠 동안 말을 달렸다.

윌리엄스 목사는 진심으로 행복했다. 자신이 목회하던 교회에서 성장한 청년이 진중하고 존경받을 만한 인물이 되어 전 교인의 전적인 찬성으로 목사 안수를 받게 되고, 윌리엄스 목사 자신은 그의 목사 임직 예배에서 설교를 하게 되었으니 목회자로서 교육자로서 이보다 더 기쁠 수가 있을까.

윌리엄스 목사는 임직 예배 설교에서 로버트 토마스에게 세 가지 권면을 하였다.

첫째, 목사는 하나님과의 인격적인 교제가 깊이 이루어질 때 힘이 나고 열정이 생긴다. 따라서 목사는 무엇보다도 그분과의 깊은 교제를 가져야 한다.

둘째, 기도의 사람이 성공적인 설교를 한다. 설교는 기교가 아니라 기도에서 나와야 한다.

셋째, 무수한 사탄의 공격들을 막아내는 데는 기도와 금식밖에 방법이 없다.

목사 안수식이 끝나고 한 달 후 로버트 토마스는 또 하나 인생의 중요한 막을 올리게 된다. 그 해 5월 신학생 시절부터 사귀어 온 메리 로이드 윌리엄스Mary Lloyd Williams와 백년가약을 맺게 된 것이다. 뉴타운의 덕망 있는 기독교 가문 규수인 메리와의 결혼 생활은 행복한 것이었다.

산업 혁명

그녀는 50여 년 동안 변함없이 그의 진정한 동역자가 되어 주었다.

스완지에서의 목회는 성공적이었다. 18세기 말 영국은 산업 혁명*으로 인해 경제, 기술상에 많은 변화가 일어나고 있었다. 농업 국가에서 산업 국가로 탈바꿈해 가고 있었고, 특히 석탄 산지를 중심으로 공업이 발달하였다. 웨일스는 지하자원이 풍부한 나라였다. 무엇보다도 전 세계 석탄의 3분의 1이 웨일스에서 생산되고 있었다.

스완지는 웨일스 최남단에 있는 가장 큰 항구 도시였다. 웨일스에서 생산되는 석탄들은 대부분 스완지로 실려와 전 세계로 수출되었다. 중요한 석탄 수출항이자 공업 중심지로서 스완지는 어느덧 웨일스 전역에서 가장 많은 인구가 유입되는 도시 중 하나가 되어 있었다.

실로 교회는 항구에서 가까운 언덕 위에 있었기 때문에 로버트 토마스가 부임한 이래로 계속 부흥하여 새 교회를 건축하기까지 했으며, 새로 건축된 그 교회는 남부 웨일스에서 두 번째로 큰 교회가 되었다.

집안에도 경사가 있었다. 결혼한 이듬해인 1838년 2월 13일 유난히

산업 혁명 18세기 후반부터 유럽 각지에서 일어난 생산 기술의 변혁과 그에 따른 사회 조직의 변화를 가리키는 말이다. 영국에서 방적 기계가 개량되면서 수공업 작업장이 기계 설비에 의한 대규모 공장으로 전환되었는데, 이러한 생산 기술 혁신은 급속한 경제 성장을 가져왔을 뿐 아니라 생산과 소비가 하나였던 농업 사회의 구조를 뿌리부터 붕괴시키고 자본주의 경제를 확립하였다. 그러므로 넓은 의미에서 보면 산업 혁명이란 생산 방식의 변화에 의한 전 산업의 급격한 발달과 그로 인한 생활 양식과 사회 구조 자체의 변질이라고 할 수 있다.

큰 눈에 총명해 보이는 첫아들이 태어났다. 아기는 어머니 쪽 가족 이름과 아버지 쪽 가족 이름 사이에 위대한 종교 개혁자 칼빈의 이름을 더해 윌리엄 칼빈 토마스 William Calvin Thomas 라는 이름을 받았다.

로버트 토마스 목사가 목회했던 실로 교회

새 교회 건축과 더불어 로버트 토마스는 목회 영역을 확장해 갔고 그만큼 더 많은 사역들을 감당하느라 분주했다. 하지만 금슬이 좋았던 부부는 윌리엄이 젖을 뗄 무렵, 또 아기를 가지게 되었다.

로버트 토마스와 그의 아내는 8살 차이였다. 어린 나이에 둘째를 임신한 메리는 점점 힘들어했다.

또한 늘 시끄럽고 복잡한 항구 도시는 아이를 키우는 데 문제가 많음을 생각하지 않을 수 없었다. 스완지는 번창해 가면서 항구를 중심으로 술집들이 늘어 갔고 밤이면 국적이 불분명한 선원들이 왁자지껄 떠들어 대며 거리를 활보하였다. 1820년대에 미국에서 시작된 '절제 운동'*이 웨일스에서는 처음으로 스완지에서 시작될 정도로, 그 곳은 자본 유입과 더불어 방종과 타락의 길로 접어들었다.

절제 운동 '절제'란 사전적 의미로는 알맞게 조절하고, 방종에 흐르지 않도록 감성적 욕구를 이성으로 제어하는 것을 뜻한다. 바로 이 개념을 모토로 19세기 초부터 미주와 유럽에서 확산되기 시작한 운동을 가리켜 '절제 운동'이라고 한다. 미국 내의 절제 연합회가 1834년에 결성된 이후로 영국과 유럽 대륙 전역에서 급속도로 일어난 이 운동은 절대 금주를 부르짖기 시작하면서 논쟁적인 성격을 띠게 되었다.

19세기경의 뉴타운 풍경

뉴타운의 전원 풍경

집집마다 석탄을 땠기 때문에 겨울이면 자욱한 연기와 매캐한 냄새가 도시를 뒤덮었다. 무엇보다도 메리를 힘들게 한 것은 고향에 대한 향수였다. 그녀의 고향인 뉴타운은 웨일스 중부의 내륙 도시로서 언덕 위에서 양떼와 소들이 자연스럽게 어울리는 전형적인 목가풍의 시골 마을이었다. 조용한 뉴타운 사람들에게는 항구 도시 사람들과 다르게 서로에 대한 배려심이 있었다. 그런 곳에서 자라난 메리에게 스완지에서의 생활은 힘들기만 한 것이었다.

메리는 남편에게 이 문제를 털어놓고 상의하였다. 로버트 토마스 목사는 일생에 걸쳐 많은 존경을 받았는데, 그 이유 중 하나가 가족들을 잘 섬기고 자녀 교육에 철저했기 때문이었다. 그는 아내의 말에 진지하게 귀를 기울였다.

구약 시대에는 결혼을 하면 1년간 어떤 전쟁에도 나가지 않게 되어 있었다. 그만큼 부부 관계가 중요했기 때문이다. 그런데 결혼하자마자 오로지 목회 사역에만 전념했던 그는 아이를 낳고 양육하느라 고생인 아내에게 늘 미안한 마음을 갖고 있던 차였다. 아내의 건강과 자녀 교육을 위해 오랫동안 기도한 후에 그는 중요한 결정을 하게 된다.

실로 교회를 사임하기로 한 것이다. 당시 실로 교회는 불일 듯 부흥하고 있었고 담임 목사인 그는 젊은 나이에도 복음에 대한 뜨거운 열정으로 교우들을 돌보고 있었기에 누구나 그가 계속 사역해 주기를 원했다.

그러나 로버트 토마스 목사는 둘째를 출산하기 전에 내륙 지방으로 들어가기 위해 사임을 불사하였다. 쉽지 않았을 결단을 내릴 때 신중한 그의 성격에 얼마나 고민하고 기도했을지 짐작이 되기도 하나, 한편으로는 그가 자녀의 미래에 대해 얼마나 심사숙고했는가도 알게 하는 대목이다.

Note
Note

런던의 굴뚝 청소부

소년 굴뚝 청소부

18세기 영국의 굴뚝 청소부

18세기에서 19세기 초는 영국의 보통 사람들에게 역사상 가장 슬프고 비극적인 시간이었다. 당시 영국에서는 농토 박탈과 산업화라는 산업혁명의 후유증으로 인해 소작인들과 빈곤한 사람들이 큰 계층을 형성하고 있었는데, 이들은 끝없는 굶주림, 헐벗음, 불결과 질병에 시달렸고 실업, 비참한 노동 현실 등 참혹한 환경에 처해 있었다.

빈곤층 어린이들 역시 이 세월의 짐을 벗어날 수 없었는데, 당시 10세 이하의 어린이들도 공장이나 탄광에서 하루 12시간 이상을 일해야 했다. 마찬가지로 형편없는 보수를 위해 뜨겁고 숨막히는 굴뚝에 들어가 소제하는 일을 강요당하기도 했다. 그 시대를 살아간 시인 윌리엄 블레이크 William Blake는 당시의 사회 현상에 대한 슬픔을 아래와 같은 시에서 녹여 내고 있다.

굴뚝 청소부

어머니가 돌아가셨을 때 나는 아주 어렸었다.
아버지는 나를 팔아먹었다. 아직 내 혀가
"뚫~ 뚫~ 뚫~ 뚫~"하고 겨우 외칠 수 있을 때.
그래서 나는 굴뚝을 청소하고 검댕 속에서 잠을 잔다.

꼬마 톰 데이커는 양의 등처럼 곱슬곱슬한
머리가 면도질당할 때 울음을 터뜨렸다. 그래서 나는 말했다.
"쉿, 톰! 신경쓰지 마, 대머리가 되면
검댕이 머리칼을 더럽힐 수 없다는 걸 너도 알잖아."

그는 잠잠해졌다. 그리고 그 날 밤,
톰은 잠이 들어 이런 광경을 보았다!
수천 명의 청소부들, 딕, 조, 네드, 그리고 잭,
모두가 검은 관 속에 갇혀 있는 것을.

그런데 빛나는 열쇠를 가진 천사가 곁으로 오더니,
관들을 모두 열어 주었다.
그러자 모두들 푸르른 들판을 날뛰며 웃으면서 달려가
강에서 몸을 씻고 햇빛을 받고 빛난다.

발가벗은 흰 몸으로, 가방들은 내버려 둔 채,
그들은 구름을 타고 올라가 바람 속에서 장난치며 노닌다.
천사가 톰에게 말했다. 그가 착한 소년이 된다면,
하나님을 아버지로 모실 수 있고 언제나 기쁨이 넘칠 것이라고.

그러다가 톰은 잠에서 깨어났고 우리도 어둠 속에서 일어나
가방과 솔을 들고 일하러 나간다.
비록 아침은 쌀쌀했지만, 톰은 행복하고 따뜻하기만 했다.
그래서 모두들 자기 임무를 다한다면 해를 두려워할 필요가 없나니.

> "저는 하나님의 안목으로 보았을 때 제가 죄인인 것을 믿습니다. 계속적인 기도로 회개를 승인하신 하나님의 자비로운 용서를 믿으며, 자신의 희생을 통하여 모든 죄를 구속하시고 영생을 주신 저의 주인 예수 그리스도 안에서 제 믿음이 더욱 성장할 것을 믿습니다. 저는 경건한 부모 아래 태어났지만, 그리스도는 그 부모 이전에 먼저 저를 지으셨습니다." _ 로버트 저메인 토마스

푸른 골짜기, 라야더의 수선화

로버트 토마스 목사와 사모의 소원은 오래 걸리지 않아 이루어졌다. 메리가 태어나고 자랐던 뉴타운과 가까운, 중부 웨일스 래드너셔Radnorshire 주 라야더Rhayader에서 담임 목사 요청이 온 것이다. 원래 윌리엄스 목사가 청빙되었으나 그가 자기 대신 로버트 토마스 목사를 추천한 덕분이었다.

라야더의 태버내클 교회는 1798년 처음 시작되었지만, 로버트 토마스가 부임할 당시는 새 건물을 건축하는 중이었다. 이는 라야더에서 처음으로 세워지는 정식 교회 건물이었다. 1839년 교회 건축은 드디어 마무리되었고, 새 목회자를 맞이할 만반의 준비를 하고 있었다.

그 해 늦은 여름, 로버트 토마스 목사 가족은 라야더로 이사했고, 지

난 2년간 담임 목사가 없었던 교회는 그들을 진심으로 환영하였다.

라야더는 중부 웨일스의 캄브리아 산맥 아래 완만한 구릉 지대와 평야가 어울려 있는 전원 마을이었다. 양과 소들이 풀을 뜯고 있는 푸른 초원을 돌며 흐르는 와이 강*은 영국에서 가장 아름다운 강이라는 명성대로 여성적인 아름다움의 극치를 보여주었고, 산을 끼고 흐르는 일런 강은 와이 강과는 대조적으로 거칠고 야성적인 분위기를 풍겼다. 각각 다른 의미로 빼어남을 자랑하며 흐르던 두 강은 다시 계곡에서 만나 큰 강줄기를 이루었다.

오래전부터 영국의 스위스라고 불렸던 웨일스답게 그림처럼 아름다운 풍경이었다.

하지만 그 풍요로운 풍광에 비해 로버트 토마스 목사는 가난하였다. 스완지에서는 사택도 있었고 생활을 이어갈 수 있을 만큼 재정 상태도 안정적이었지만, 라야더에서는 형편이 달랐다. 교회는 그 동안 모은 재정을 모두 건축에 쏟아 부었고 몇 십 명 안 되는 교인들이 헌신적으로 땅을 마련한 것이었기에 목사 사택까지 준비할 엄두는 내지 못하는 상황이었다.

하지만 청빈하고 검소한 삶에 익숙했던 그는 당분간 월세로 집을 빌

와이 강

와이 강 River Wye 영국에서 6번째로 긴 강으로서 캄브리아 산맥에서 발원하여 라야더(Rhayader), 헤이온와이(Hay-on-Wye), 몬머스(Monmouth), 틴턴(Tintern) 등 여러 고장을 끼고 흐른다. 자연 과학적 연구 가치가 높다고 평가받는 이 강은 잉글랜드와 웨일스의 경계를 이루며, 깊은 계곡들과 어우러진 다양하고 아름다운 자연 풍광으로 유명하다. 스코틀랜드를 제외하고는 영국에서 연어 낚시하기에 가장 좋은 곳으로 인정될 만큼 청정한 지역이다.

려 살기로 했다. 그리하여 라야더에서 처음 짐을 푼 것은 마을 동편 거리에 있는 한 교인의 집이었다.

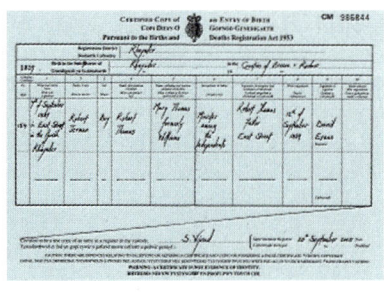
토마스 선교사의 출산 증명서

1839년 9월 7일 바로 그 곳에서 교인들과 가족들의 축복 가운데 훗날 조선 땅에 복음을 전하려다 순교한 로버트 저메인 토마스가 태어났다. 새로 태어난 아들이 자신의 뒤를 이어 사역자가 되기를 바랐던 것일까? 로버트 토마스 목사는 둘째 아들의 이름을 자기와 똑같이 로버트라고 지었다. 저메인이라는 중간 이름은 집안에서 내려오는 항렬명이었다.

로버트가 태어난 다음해에 태버내클 교회는 드디어 헌당식을 올리게 되었다. 당시 주일 학교 교사였던 대니얼 카터Daniel Carter는 다음과 같은 소박한 헌시를 드렸다.

신음과 한숨은 찬송의 멜로디가 되었고
어둡고 컴컴한 감옥 같은 천장은 없어지고
이 땅 최고의 성전이 지어졌다네

로버트 토마스 목사는 목회에 전력을 기울였고, 교회는 점차 부흥하기 시작했다. 독립 교회는 국교가 아니기에 교단이나 국가가 아니라 성도들이 모든 결정을 내리면서 운영하였다. 따라서 회원이 된다는 것은 교회의 모든 운영에 책임을 가진다는 것을 의미했다. 회원이 되면 헌금 외에도 회원 회비를 따로 내기에 회원은 전 교인의 동의를 거쳐서 이루어졌다. 토마스 목사가 9년간 목회하는 동안에 이렇게 해서 세워진 회원이 200명에 달했다.

라야더의 태버내클 교회

당시 토마스 목사가 목회하던 교회를 방문하여 예배에 참석했던 교회 역사학자 존 토마스John Thomas는 이렇게 보고하고 있다.

"교회는 부흥하여 지역 사회에 큰 영향을 미치고 있습니다. 웨일스어로 올리는 경배와 찬양은 라야더 전역에 퍼져 가고 있으며, 토마스 목사는 설교 도중에 사랑에 관한 찬양을 아름다운 멜로디로 전하며 많은 은혜를 끼치고 있습니다."

무엇보다도 짚고 넘어가야 할 사실은 토마스 목사가 교인들과 함께 선교에 전념하였다는 점이다. 교회의 목적은 예배인데 여전히 많은 나라에서 하나님을 예배하지 않으니 모든 기독교인은 선교사를 보내어 복음을 전하고 하나님께 예배하게 해야 한다고 믿었던 그는 런던 선교회에 헌금을 보내기 시작했다.

아들 로버트가 훗날 런던 선교회 소속으로 선교사 파송을 받는 것은 결코 우연이 아니라고 할 수 있다.

런던 선교회로 헌금을 보냈던 사람은 웨일스 전역을 통틀어 불과 몇 사람뿐이었다. 처음에는 사례비 일부를 떼어 보냈다. 어린 로버트가 3살 되던 해부터였으니, 이미 그를 선교사로 키우려고 작정했던 것일까? 로버트 토마스 목사는 래드너셔 주에서 런던 선교회로 후원금을 정기적으로 보내는 유일한 사람이었다.

훗날 로버트는 선교사를 지망하는 글을 쓰면서 "저희 부모님은 이미 제가 선교사가 될 것을 알고 계십니다."라고 언급한다.

라야더에서 태어난 어린 로버트 저메인 토마스는 한나의 품에서 기도로 자란 사무엘처럼 어머니의 기도와 사랑 가운데 무럭무럭 자랐다. 로버트가 2살이 되었을 때, 여동생 엘리자베스가 태어났고, 이어서 애니, 새러, 메리들이 차례차례 세상 빛을 보았다.

토마스 목사는 2남 4녀의 자녀를 거느린 다복한 가정을 꾸리게 되었다. 비록 막내 메리가 병으로 일찍 죽기는 했지만, 그의 자녀들은 와이 강가에 피어 은은한 향기를 날리는 수선화*를 떠올리게 했다. 어리지만 품위 있고 겸손한 자태 때문이었을까? 아니면 따사로운 가정에서 자란 아이들이 그렇듯 사심 없이 해맑은 표정을 가졌기 때문이었을까?

당시 토마스 목사에게 자기 집이 없었던 까닭에 자녀들은 단 한 명도 같은 집에서 태어나지 못했다. 엘리자베스는 뉴코티지에서 태어났고

수선화

웨일스의 국화, 수선화 daffodil, narcissus 백합목 수선화과에 속하는 다년생초이다. 잎은 난초잎같이 선형으로 모여나며, 꽃은 꽃줄기 끝에 홀로 또는 모여서 피는데 꽃받침과 꽃잎은 가로로 퍼지며 덧꽃부리는 나팔 모양 또는 컵 모양이다. 꽃을 위로 쳐들면 흰 접시 위에 금술잔을 올려놓은 모양 같아 금잔은대라고도 한다. 유럽, 지중해 연안, 북아프리카, 중근동에서 중국, 한국에까지 널리 분포하며, 비늘줄기가 약재로 쓰이기도 한다. 전통적으로 웨일스의 국화로 인정되는 수선화는 그리스 신화에서는 미청년 나르키소스(Narcissos)가 물에 비친 자신의 모습에 반해 몸을 던진 자리에서 피어난 꽃이라는 전설이 얽혀 있다.

애니는 처치스트리트에서 태어났다. 얼마나 불편하고 번잡했을지 상상이 간다. 그럼에도 불구하고 아무런 불평 없이 사역에 전념하던 토마스 목사는 1848년 하노버 교회의 청빙을 받고 라야더의 태버내클 교회를 사임하게 된다.

아름다운 라야더 전경

   라야더에서 그는 많은 사람들로부터 존경과 사랑을 받았고 혼신을 다해 후회 없이 목회에 전념하였다. 기록에 의하면, 그가 라야더를 떠나던 날 전 교인과 동네 주민들까지 나와서 전송하느라 인산인해를 이루었다고 한다.

"가족들 모두 잘 지낸다고 하니 기쁘기 이를 데 없습니다.
다음에는 좀더 길고 많은 소식이 들어 있는 편지를 받고 싶습니다."
_ 로버트 저메인 토마스

슈거로프 산 아래
하얀 벽돌집

로버트는 9살 때 아버지의 목회지를 따라 몬머스셔 Monmouthshire 주 슬라노버 Llanover에 있는 하노버 교회 사택으로 이사했다. 어머니 뱃속에 있을 때부터 그 때까지 숱하게 이사를 다닌 셈이었다. 하지만 잉글랜드와 가까운 이 곳 슬라노버에 정착하면서 더 이상 이사 다닐 일이 없게 된다. 하노버 교회에는 방 4개짜리 사택이 있었기 때문이다.

교회가 있던 하下슬라노버는 20여 가구에 주민이 160여 명밖에 안 되는 작은 마을이었으나, 몇 킬로미터 떨어진 상上슬라노버에는 2,000여 명의 인구가 살고 있었다.

먼저 살던 라야더는 평야와 함께 계곡과 구릉 지대가 어울려 펼쳐져 있었지만, 하노버 교회 부근은 평지가 대부분이었고 농장이 많았다. 그

래도 교회에서 보이는 거리에 마을 사
람들이 슈거로프Sugarloaf라는 별명으
로 부르던 산이 있었다. 봉우리가 원뿔
모양으로 굳혀 놓은 설탕 덩어리 같다
고 붙여진 이름이었다. 슈거로프 산을

슈거로프 산

가려면 대략 6킬로미터 정도를 걸어 애버게니Abergavenny까지 가야 했는
데, 로버트는 형이나 동생들과 함께 자주 그 곳으로 갔다.

그는 어릴 때부터 모험을 좋아했다. 사실 그런 면에서는 형 윌리엄이
더 개구쟁이였다. 윌리엄은 어딜 봐서나 타고난 리더였고, 어린 로버트
도 늘상 형을 따라다니는 동네 아이들 틈에 끼어 있곤 했다.

집 가까이에는 고기가 많이 잡히기로 유명한 어스크 강이 흐르고 있
었다. 중부 웨일스 브레콘비콘스Brecon Beacons* 지역에서 발원된 이 강
은 슬라노버를 지나 대서양으로 흘러 들어갔다. 그 옛날 아서왕의 궁전
터였을지도 모르는 강가 평원에는 이제 양떼와 소들만이 한가롭게 풀
을 뜯고 있었다.

하노버 교회는 1644년에 개척된 교회였다. 영국 성공회*가 국교로
공인되자 국교를 반대하는 사람들은 탄압을 불사하고 들고일어났다.
웨일스는 당시 비국교도가 전체 인구의 80%나 되었고, 이들은 농장을

브레콘비콘스

브레콘비콘스 Brecon Beacons 웨일스 남동부에 자리한
구릉 지대로, 최고봉인 페니팬 산도 886미터밖에 되지 않는 아담한 언
덕들과 아기자기한 전원풍의 마을들이 펼쳐져 있는 지역이다. 서쪽 블
랙 산맥과 동쪽 블랙 산맥 사이에 자리 잡은 브레콘비콘스의 명칭은 중
부 웨일스의 브레콘(Brecon) 마을과 잉글랜드인의 침입을 알리던 봉
화대(beacons)에서 유래된 것이다. 이곳에 위치한 브레콘비콘스 국
립 공원은 소박하면서도 빼어난 자연 경관으로 유명하다.

하노버 교회 사택

중심으로 작은 교회 공동체를 형성해 나갔다.

하노버 교회도 그 가운데 하나였다. 초창기에 교회로 사용되었던 곳은 사택에 붙어 있는 창고 건물이었다. 이후 교인이 늘어나자 계속 확장을 했고, 공교롭게도 로버트가 태어난 1839년에 새 교회 건물을 헌당하게 된다. 이 때 먼저 교회 건물은 사택으로 개조되었다.

로버트 토마스 목사는 이 곳에서 37년간 목회를 하였다. 언제나 그랬듯이 하노버 교회에서도 그는 열정과 최선을 다하였다. 하노버 교회 예배당은 2층까지 모든 좌석이 다 차면 대략 200여 명이 들어갈 수 있는 규모였는데, 토마스 목사가 목회를 시작한 이후 이 한적한 시골 예배당은 항상 교인들로 발 디딜 틈이 없었다.

토마스 목사는 언제나 무리하는 목회자는 아니었다. 그러나 하노버 교회에서는 예배에 있어 변화를 모색했다. 오전에는 전통에 따라 웨일스어로 예배를 드렸지만, 저녁 예배 전 오후 2시에는 영어로 예배를 드렸던 것이다. 웨일스어를 사용하는 교회가 영어 예배를 신설한 것은 당시에 큰 뉴스가 되었다. 전통적으로 웨일스인은 잉글랜드인에 대해 반감을 가지고 있었다. 또한 전체 인구의 80%가 웨일스어를 제1언어로

영국 성공회 16세기 영국에서 일어난 종교개혁의 결과로 성립된 교회로, 영국 국교회, 영국 교회, 잉글랜드 교회 등으로도 불린다. 3세기에 기독교가 전파된 이래 영국은 왕권과 교황권이 정상적 관계를 유지해 왔다. 그러나 헨리 8세(Henry VIII)가 왕비와의 이혼 문제로 로마 교황과 대립하게 되면서, 1534년 '수장령'을 공포하고 로마 가톨릭 교회에서 나와 영국의 국왕을 수장으로 한 교회를 성립시키게 되는데, 이렇게 '국법에 의해 확립된 영국의 교회'를 영국 성공회라 한다. 신조는 프로테스탄트 교회에 가까우나 교회 행정, 전례, 관습 따위에는 로마 가톨릭적인 요소가 많이 남아 있다.

사용하고 있었다. 물론 영어도 사용하기는 했으나 상대적으로 미약하였으며, 영어를 전혀 모르고 웨일스어만 사용하는 사람도 많았다.

슬라노버는 잉글랜드와 가까웠기에 웨일스어를 모르는 잉글랜드

하노버 교회

사람들도 예배에 참석하곤 했다. 그들에게 웨일스어는 알아들을 수 없는 말이었고, 웨일스에서 영어 예배를 드리는 교회를 찾는 것은 쉬운 일이 아니었기 때문에, 토마스 목사가 영어 예배를 시작함에 따라 교회는 더욱 활발하게 부흥하게 되었다.

가옥이 20여 채밖에 안 되는 마을이었지만, 예배에 참석하기 위하여 상당히 먼 거리에서도 찾아왔기 때문에 예배당은 언제나 많은 사람들로 붐볐다. 종내 1855년부터는 아예 모든 예배를 영어로만 드렸다. 이 획기적인 변화는 부흥으로 이어져 하노버 교회는 웨일스인 신도보다 잉글랜드인 신도가 많은 교회가 되었다.

로버트 토마스 목사는 예외 없이 하노버 교회에서도 런던 선교회로 선교 헌금을 보냈다. 하노버 교회는 그 이전에는 선교 헌금을 보낸 적이 없는 교회였다.

어린 로버트 저메인 토마스는 하나님이 내리신 어스크 강가의 찬연한 풍광 아래 자유롭게 뛰어놀며 자연스럽게 웨일스어와 영어를 함께 사용하게 되었다. 그는 언어에 깊은 은사가 있었는데, 이는 이렇게 어린 시절부터 여러 언어들을 접한 덕분이었다.

Note

웨일스의 옛 주들

현재 22개 주로 나뉘어 있는 웨일스의 행정 구역은 1888년부터 1974년까지는 13개의 주로 구성되어 있었다. 행정 구역이 달라진 후에도 이 전통적인 지역 구분 개념은 여전히 남아 있다.

웨일스를 상징하는 문장

웨일스와 잉글랜드의 옛 지도

웨일스 기

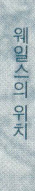
웨일스의 위치

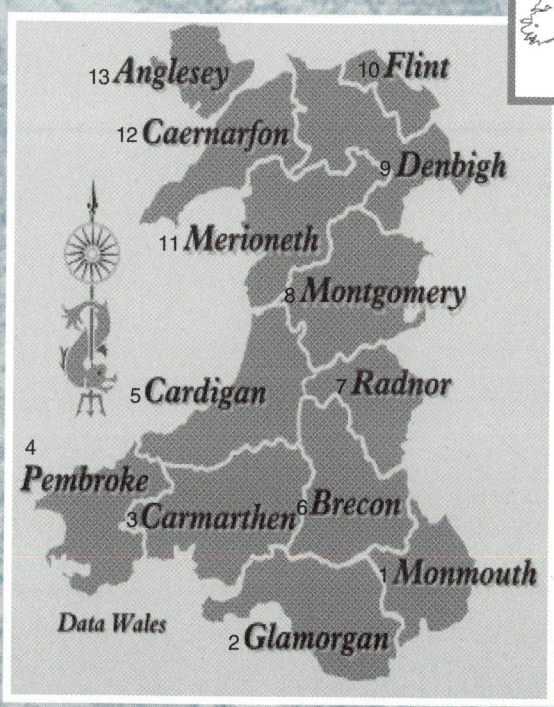

웨일스의 전통적인 13개 주

1. 몬머스셔 Monmouthshire
2. 글러모건셔 Glamorganshire
3. 카마던셔 Carmarthenshire
4. 펨브룩셔 Pembrokeshire
5. 카디건셔 Cardiganshire
6. 브렉크녹셔 Brecknockshire
7. 래드너셔 Radnorshire
8. 몽고메리셔 Montgomeryshire
9. 덴비셔 Denbighshire
10. 플린트셔 Flintshire
11. 메리아너스셔 Merionethshire
12. 카나번셔 Caernarvonshire
13. 앵글시 Anglesey

웨일스의 옛 행정 구역

STORY 5

"그는 청소년 시절부터 그의 모든 시간과 은사를 영향력 있는 선교사가 되기 위한 준비에 사용하였다. 그는 선교 사역에 필요한 높고 귀한 자질을 가지고 있었다."
_1868년 영국 교단 연감에 기록된 토마스 선교사에 대한 글 중에서

명민(明敏)한 어린 생도

　18, 19세기 산업 혁명이 한창이던 때 산업 구조가 수공업에서 기계 공업으로 전환되면서 실업자가 쏟아져 나오기 시작했다. 많은 사람들이 직장을 잃고 빈궁과 무지의 나락으로 떨어졌다. 거리에는 불량아들이 몰려다니고 사회 범죄는 가중되었으며 빈민가들이 늘어 갔다.

　범죄자를 수용하는 시설도 결함이 많았다. 죄질과 형량을 구별하지 않고 범법자들을 무조건 감옥에 쓸어 넣어 교도소는 또 다른 범죄의 소굴이 되었다. 한 감방 안에 남녀를 같이 수용하여 상단 침대는 남자가, 하단 침대는 여자가 차지하게 한 경우도 있을 정도였다. 전염병자들이 거리를 활보하였고 시신이 방치되기도 하였다.

이 무렵 교육의 중요성이 대두되기는 하였으나, 여전히 공교육은 정부가 관여하고 있었다.

웨일스의 종교 지도자이며 존경받는 목회자였던 토마스 찰스Thomas Chales*는 기독교 교육의 중요성을 알고 18세기 후반부터 주일 학교를 시작하였다. 그의 영향에 힘입어 각 교회마다 주일 학교를 운영했는데, 이

19세기 런던의 빈민가

주일 학교는 단지 주일날에만 모여 예배드리고 활동하는 학교가 아니었다. 이 학교는 평일에도 열려 배움의 부재를 메우며 기독교 교육을 실천해 갔다.

라야더에 살던 유년 시절 로버트는 이와 같은 학교에서 공부를 하였다.

그러나 슬라노버로 이사한 9살 때부터 다녔던 학교는 집에서 불과 700미터 떨어진 곳에 위치한 사립 학교였다.

이 학교가 맨 처음 문을 연 것은 1776년이었다. 처음에는 마을에 있는 영국 성공회 교회에서 종교 교육을 목적

토마스 찰스 Thomas Charles, 1755-1814 웨일스 칼빈주의 감리교회의 창시자이며 선교 활동을 고취시킨 종교 지도자이다. 옥스퍼드 지저스 칼리지에서 교육을 받았으나 영국 국교회에서 일자리를 얻지 못하고 1784년 감리 교회에 입교하였다. 학생 시절부터 감리교 부흥 운동의 영향을 받았던 그는 복음화 및 복음주의적 입장에서의 교육에 깊은 관심을 가졌다. 그는 스스로 교사들을 훈련시켜 다수의 학교를 설립하였는데, 이 학교들은 대개 주일학교의 성격을 띠었다. 그는 교육 외에도 성경 사전을 편찬하고 웨일스어와 영어 교리 문답서를 출간하는 등 평생 복음 확산에 힘을 기울였다.

벤자민 홀

으로 시작되었다. 그러나 아무리 좋은 교육 기관이라 해도 대부분 비국교도였던 웨일스 사람들은 그 학교에 자녀들을 보내기를 꺼려 했다.

이런 분위기를 이해하고 모든 교단의 아이들이 다닐 수 있는 학교를 지은 사람이 로버트의 이웃에 살고 있던 슬라노버 영주 벤자민 홀Benjamin Hall III* 경이었다.

벤자민 홀은 웨일스 지역 사회에 적지 않은 영향을 끼쳤던 인물로, 29세의 나이에 몬머스에서 국회의원에 당선되었으며, 빅토리아Victoria 여왕 재위 시절인 1859년에 정식으로 남작 작위를 받았다.

그는 모든 어린이가 동등한 교육을 받을 의무와 권리가 있다고 생각하였다. 그리하여 영국 성공회에 소속된 학교를 연장하여 1835년 새로운 사립 학교를 짓고 수준 높은 교육을 시키기 시작했다. 비록 작은 건물이지만 넉넉한 규모의 운동장도 배치하여 학생들이 자유롭게 뛰놀게 하였다.

벤자민 홀의 무덤

벤자민 홀 Benjamin Hall III, 1802-1867   토목 기사이자 유능한 정치가였던 벤자민 홀 3세(Benjamin Hall III)는 실업가 벤자민 홀 2세(Benjamin Hall II, 1778-1817)의 맏아들로 런던에서 출생하였다. 그의 조부 벤자민 홀(Benjamin Hall) 박사는 성직에 종사했고 외조부 리처드 크로셰이(Richard Crawshay)는 제철업자였다. 벤자민 홀 3세는 왕가와도 관련이 있는 슬라노버의 규수 오거스타 웨딩턴(Augusta Waddington)과 결혼하고 1832년부터 몬머스의 국회의원을 지냈으며 1838년에 준남작에 임명되었다가 1859년에 정식으로 슬라노버 남작 작위를 수여받았다. 여러 관직을 역임하다가 1867년 눈을 감고 성 바돌로매 교회에 묻혔다.

로버트의 가족이 이사 오기 1년 전인 1847년, 이 학교에 새로운 교장이 부임하였다. 새 교장 존 파월John Powell은 취임한 이후 23년 동안 열정적으로 교육 활동을 펼

토마스가 다닌 초등학교

쳤고, 당시 학생 수가 60여 명 정도였던 이 학교에서는 상당히 체계적인 교육이 이루어졌다.

뚜렷한 소신을 가지고 살았던 부친 슬하에서 영특하고 명민하게 자라난 로버트는 9살부터 11살까지 이 학교에서 초등 교육을 받았다.

Note

산업 혁명 시기를 배경으로 한 소설
찰스 디킨스의 『올리버 트위스트』

1968년도판 영화 『올리버』

셰익스피어 William Shakespeare와 함께 영국 문학을 대표하는 위대한 작가로 인정받는 찰스 디킨스 Charles Dickens는 산업 혁명 이후 자본주의의 발흥기였던 19세기 영국 대도시의 어두운 이면을 인간미와 유머 넘치는 글로 그려낸 작가이다. 디킨스는 실제로 어린 시절부터 무서운 빈곤의 고통을 겪었으며 학교도 다니지 못하고 비인도적인 공장 노동에 시달려야 했다. 몸으로 사회의 부조리를 체험한 그는 독학으로 변호사 사무소의 사환, 법원 속기사가 되었고 이어서 신문기자로 활동하다 문단에 등단하였다.

비극적인 밑바닥 사회 풍경과 애환을 독특하고 실감 나는 인물과 상황으로 재기 넘치게 묘사했던 그의 필력은 대단해서 당시의 연소자 학대와 재판의 비능률 등이 개선되었을 정도였다.

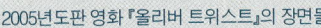

2005년도판 영화 『올리버 트위스트』의 장면들

『올리버 트위스트』삽화

천애의 고아 소년 올리버 트위스트가 당시의 세파에 시달리는 이야기를 그린 『올리버 트위스트』는 1838년에 간행된 이래 지금까지 전 세계적으로 애독되고 있으며, 영화와 연극으로도 여러 차례 발표되었다. 불운한 이들에 대한 사회의 냉혹한 외면과 악당들의 유혹과 협박에도 꿋꿋이 살아가다 종국에는 부와 안정된 가정을 얻는다는 행복한 결말로 끝나지만, 그 면면에는 19세기 영국 대도시 빈민의 절망과 사회악에 대한 분노가 녹아들어 있다. 따뜻하고 익살스러운 문체 사이사이에 배치된 겉핥기식 빈민 구제법과 끔찍한 아동 학대, 빈민굴, 소년 범죄단, 매춘, 모순 되고 불합리한 재판 과정 등에 대한 페이소스 넘치는 울분은 이 소설 한 편으로도 19세기 사회를 충분히 이해하게 만든다.

"상하이 외곽의 시골은 벤자민 홀 경의 저택에 있는 연못처럼 평평하단다. 다음 파티에 가면 벤자민 홀 경에게 나의 안부와 함께 존경하는 마음을 전해 다오."
_ 로버트 저메인 토마스 선교사, 동생에게 보낸 편지 중에서

켄트의 꿀벌,
슬라노버 남작 부인 오거스타 웨딩턴

로버트 토마스 목사의 사택 옆에는 그 지역 국회의원이며 영주였던 벤자민 홀이 살고 있었다.

제1대 슬라노버 남작이었던 그는 성공적인 정치가로서의 삶을 산 인물이다. 28년간 국회의원에 재직하였으며 귀족의 작위를 받고 추밀원 의원을 지냈다. 또한 1854년 보건부 장관으로 임명되었고 다음해 노동부 장관을 지낼 때 런던 하이드 공원을 확장하고 1834년에 소실된 웨스트민스터 국회의사당*을 재건축하였다. 이 때 국회의사당의 유명한 시계탑, 빅벤Big Ben*이 세워졌다.

벤자민 홀 저택 문에는 웨일스어로 이런 글이 새겨져 있다.

당신은 누구시기에 이 곳에 오셨습니까?
친구라면 마음으로부터 환영하겠습니다.
모르는 분이라면 따뜻하게 영접하겠습니다.
적이라면 정중하게 맞이하겠습니다.

떠나는 손님이여, 축복이 함께하시기를
당신의 발걸음마다 주님의 축복이 임하시기를
건강과 행복이 여행길에 함께하기를 바랍니다.
행복한 마음으로 다시 돌아오십시오.

오거스타 웨딩턴

그의 부인은 '궨트의 꿀벌'Honey Bee of Gwent이라 불린 유명한 슬라노버의 레이디, 오거스타 웨딩턴Augusta Waddington이었다.

그녀는 1802년, 미래에 남편이 될 벤자민 홀과 같은 해에 슬라노버에서 태어났다. 아버지는 슬라노버가 위치한 몬머스셔 주의 주지사였으며 할아버지는 목회자였다.

그녀는 어려서부터 좋은 교육을 받고 자란, 문자 그대로 양가집 규수였다. 영국 왕실과 친밀한 가문이었고 부유하였기에 개인 교사들이 딸

영국 국회의사당과 빅벤

영국 국회의사당과 빅벤 런던 템스 강변에 있는 영국 의회 건물로 '웨스트민스터 궁'이라고 불리기도 한다. 1547년 이래로 국회 회의장으로 이용되어 온 웨스트민스터 홀과 세인트스티븐 예배당을 제외한 궁전 전체가 1834년 화재로 소실되면서 찰스 배리(Charles Barry) 경이 고딕 복고 양식으로 새로 설계한 것이다. 1840년에 공사가 시작되어 1867년에 완공된 이 건물은 빅토리아 왕조 최초의 대규모 건축물로서 위용을 자랑한다. 의사당 동쪽 끝 시계탑에 달려 있는 13.5톤의 시종(時鐘)은 빅벤(Big Ben)이라는 애칭으로 불리는데, 이 이름은 초대 시계탑 설치 위원장이었던 벤자민 홀(Benjamin Hall III) 경의 이름을 따서 붙인 것이다.

오거스타 웨딩턴의 마차

렸고, 제대로 된 교육을 받을 수 있었다. 그녀는 헬라어, 라틴어, 스페인어, 이탈리아어를 유창하게 구사하였고, 음악에도 조예가 깊어서 웨일스의 전통 악기인 하프를 능숙하게 연주하였다. 그 시대의 교양 있는 숙녀라면 당연히 갖추고 있어야 할 덕목이기도 했지만, 시와 문학에 대해서도 재능을 보였다. 그녀가 쓴 『딜레니 부인* 자서전과 서한집』1861과 『훌륭한 요리법』1867은 당시 영국에서는 보기 드물게 베스트셀러가 되었다.

오거스타 웨딩턴 부인은 1176년까지 개최되다가 폐지된 웨일스의 유명한 시와 음악의 축제를 1860년 애버게니에서 다시 열었다. 그 대대적인 축제의 참석자는 7천 여 명에 달했고, 지금까지도 웨일스의 중요한 행사로 주최되고 있다.

그녀는 웨일스의 지성인답게 다양한 방면에서 두각을 나타내었는데, 전통 의상들을 수집하고 정리하는 작업을 통해 웨일스 고유의 전통 의상 스타일을 확립하고 통일시키기도 했다.

딜레니 부인

딜레니 부인 Mary Granville, Mrs. Delany, 1700 – 1788
오거스타 웨딩턴의 외증조모의 여동생으로 두 번째 남편의 성을 따라 딜레니 부인이라고 불렸다. 나이 차 많이 나는 첫 남편과 사별한 후 1743년 아일랜드의 성직자 패트릭 딜레니(Patrick Delany)와 재혼하였다. 총명하고 예술에 대한 조예도 깊었던 그녀는 포틀랜드 공작 부인의 친구이자 피보호자로서 당시 영국 국왕 조지 3세(George III), 왕비 샬럿(Charlotte)과 친밀한 관계를 맺었으며, 윈저 궁의 저택을 하사받기도 했다. 말년까지 왕가의 총애를 받았던 그녀는 오거스타 웨딩턴의 어머니 조지너 메리 앤(Georgina Mary Ann)의 후원자로서 그녀가 7살일 때부터 런던으로 불러 교육시키기도 했다.

1823년 이웃 영지의 촉망받는 청년 벤자민 홀과 결혼한 오거스타는 잠시 뉴포트 Newport에서 살다가 슬라노버로 돌아와 정착했다.

아리따운 외모와 함께 고매한 인격과 지성을 겸비한 그녀는 정치가의 꿈을 가지고 있던 남편을 잘 내조하였다. 또한 자신은 평생 웨일스 청소년을 위한 교육 사업에 헌신하였다. 그녀의 할아버지가 목회자였고 벤자민 홀 경의 조부도 목회자였기에, 로버트 토마스 목사의 범상치 않아 보이는 작은 아들 역시 그녀의 눈에 띄게 되었다. 어린 나이에도 예민한 감수성과 결단력이 동시에 보이던 로버트는 그 즈음부터 부인의 후원을 받게 되었다.

『훌륭한 요리법』의 삽화, '벌통'

사실 마을에 사립 학교를 짓도록 남편에게 권유한 사람도 오거스타 웨딩턴, 바로 그녀였으며, 교육에서 가장 중요한 것은 리더라고 생각하여 새로운 교장 존 파웰을 초빙하고 연봉 15파운드를 지급한 사람도 그녀였다. 그녀는 파웰이 은퇴한 후에도 매년 20파운드를 보조해 주기도 했다.

그녀는 자주 학교에 나와 어린 학생들이 공부하는 모습을 지켜보았고 직접 가르치기도 하였다. 크리스마스나 부활절에는 일일이 선물을 준비하여 퀴즈를 푸는 아이들에게 선사했다. 모든 학생들이 떳떳하고 자랑스럽

빅토리아 여왕

게 선물을 받도록 하려는 배려였다.

빅토리아Victoria 여왕* 당시 이미 세계로 뻗어 나가고 있던 영국에서 외국어가 얼마나 중요한지를 잘 알고 있던 그녀는 학생들이 가능한 한 많은 외국어를 배울 수 있도록 하였다.

목사관의 9살배기 로버트 토마스는 누구보다도 외국어를 배우는 데 열심이었고 여러 모로 비범한 재능을 보였다. 어느덧 오거스타 부인은 총기 넘치는 로버트에게 깊은 관심을 갖게 되었고, 2년 후 그녀가 재정 담당 이사로 있는 슬란도버리 칼리지에 장학생으로 입학시키게 된다.

빅토리아 여왕 Queen Victoria, 1819 – 1901 하노버 왕가의 마지막 왕이자 인도의 여제였으며 영국 역사상 가장 오랜 기간 재위한 군주로서 그녀의 치세에 대영제국은 '해가 지지 않는 나라'의 위상을 자랑했다. 조지 3세(George III)의 4남 켄트 공작(Duke of Kent)의 딸로 태어났으나 왕위 계승권을 가진 백부들이 잇달아 사망함으로써 1837년 18세의 나이로 즉위했고 이후 64년간 왕위에 있었다. 1840년 독일계 왕족인 외사촌 앨버트 공(Prince Albert)과 결혼하였는데, 빅토리아는 평생 남편을 사랑하고 신뢰하였으며 1861년 남편의 사망으로 큰 충격을 받고 한동안 두문불출하기도 하였다. 그녀의 아홉 자녀 모두 유럽의 주요 왕족과 결혼하여 말년에는 '유럽의 할머니'로 불렸는데, 오늘날 남아 있는 유럽 군주의 대부분도 그녀의 자손이라 할 수 있다.

그녀가 재위한 동안 영국은 최고의 전성기를 구가했다. 중류 계급이 눈부신 성장을 이루었고 의회제 민주정치가 발달하였으며, 그 과정에서 도덕을 강조하고 체면을 중시하는 빅토리아 조 특유의 문화가 이루어졌다. 빅토리아는 입헌 군주로서 현실 정치에 미친 영향은 미미하였으나 그녀의 정절과 화목한 가정은 19세기의 엄격한 도덕주의의 상징이 되었다.

> "저는 한 하나님을 믿습니다. 본질적으로 지혜로우시고, 거룩하시며, 정말 좋으시고, 영생이신, 모든 자연스러운 것과 윤리적인 완벽함 안에서 무한하시고 불변하신 분을 믿습니다. 그분은 창조주이시며 존재하는 모든 것의 후원자이십니다. 하나님이 성경에 계시되셨음과, 성부와 성자와 성령이 각각의 속성을 가졌으되 같은 특성으로 완벽하게 하나이신 하나님이심을 믿습니다."
> ― 로버트 저메인 토마스

14세의 옥스퍼드 대학교 지저스 칼리지 장학생

    1847년 87세의 한 노인이 지역 인사들 앞에서 웨일스 청소년 교육에 대한 자신의 비전을 피력하고 있었다.

    슬라노버 남작 부인 오거스타 웨딩턴도 참석한 그 자리에서 노인답지 않은 박력으로 논지를 편 그는 영국 국왕 조지 3세 George III의 주치의로 있었고, 동인도 회사의 의사로 활약하기도 했던 토마스 필립스 Thomas Phillips였다. 그 자신은 런던에서 태어났지만, 부모는 웨일스의 래드너셔 주 출신이었다. 사업에 성공한 후 여생을 웨일스 청소년 교육에 쏟아 붓기로 작정하고 부모의 고향으로 돌아온 인물이었다.

    시대적 필요 때문이었을까, 토마스 필립스의 강한 의지의 표명 때문이었을까. 그를 중심으로 중부 웨일스의 덕망 있는 목회자들과 사업

토마스 필립스

가들 7명이 한자리에 모여 칼리지 설립을 위한 이사회를 구성하게 되었다. 그 가운데서 오거스타 웨딩턴 부인은 재정 담당 이사로 선임되었다.

당시 영국의 교육 제도에 따르면, 만 11세가 되면 초등학교를 졸업하였다. 그리고 중등 교육을 받게 되는데, 대학교 이전의 교육을 담당한 중등 교육 기관 일부는 '칼리지'라고 불리기도 했다.*

토마스 필립스와 이사회는 장차 대영 제국과 세계를 이끌어 갈 웨일스 청소년의 엘리트 교육을 위하여 슬란도버리에 칼리지를 세우기로 결의하였다.

슬란도버리는 비록 작은 도시였지만, 목축업이 발달한 웨일스 전역에서 모인 양과 염소 그리고 젖소 등을 중간 상인을 통해 런던으로 운반시키는 중요한 축산품 집산지였다. 웨일스 남동부 카마던셔Carmarthenshire 주 토위 강가에 자리 잡은 슬란도버리는 당시 대략 390가구 1,900명 인구의 마을이었다.

칼리지를 세우는 일은 신속하게 진행되었다. 주도적인 입장이었던 토마스 필립스가 전 재산을 교육 사업을 위하여 내놓았고, 각 분야의

19세기 영국의 교육 제도 영국의 전통적인 초등 교육은 가정, 작업장 등에서 비정규적으로 읽기, 쓰기, 셈하기의 초보 지식을 가르치는 정도였다가 18세기 말에 이르러 주간 학교(day school), 주일 학교(Sunday school), 사설 간이 학교(dame school) 등의 좀더 정규적인 제도 하에 이루어졌다. 1870년대 이후로는 초등 교육이 의무 교육 단계로 들어섰다. 중등 교육은 고등 교육을 위한 준비 과정으로서 프랑스의 리세(lycée), 독일의 김나지움(gymnasium)에 해당하는 '그래머 스쿨'(grammar school)이 대학에 들어가기 위한 준비 학교 역할을 했다. 특히 명문 사립 학교인 '퍼블릭 스쿨'(public school)은 곧바로 옥스퍼드, 케임브리지 대학 응시 자격 부여라는 특권과 연결됨으로써 그 권위가 높아졌다.

저명한 교사들을 초빙해 왔다.

슬란도버리 칼리지가 설립된 1848년은 유럽 전체가 급변하는 정세 속에서 내일을 예측할 수 없는 상황에 놓여 있던 때였다. 프랑스에서 2월 혁명*이 일어나 공화정이 수립되고, 1847년 런던에서 결성된 공산주의 동맹의 이론적, 실천적 강령으로 칼 마르크스Karl Marx와 프리드리히 엥겔스Friedrich Engels가 『공산당 선언』을 발표한 격동의 해였다.

존 윌리엄스

웨일스의 수호 성인인 성聖 데이비드의 축일St. David's Day, 즉 1848년 3월 1일에 슬란도버리 칼리지는 문을 열었다. 당시 학교 건물은 따로 없었기에 슬란딘가드Llandingad 교회에서 수업이 이루어졌고, 학생들은 교회 근처 마을에서 하숙을 하였다. 초대 교장으로는 런던 대학교의 라틴어 교수이자 카디건Cardigan의 부주교였던 존 윌리엄스John Williams가 초빙되었다. 1851년 5월 1일, 개교한 지 3년 만에 고대하던 새 학교 건물과 기숙사가 완공되었다. 당시 웨일스에서는 시설로나 실력으로나 첫 손가락에 꼽히는 사립 학교였다. 놀라운 추진력으로 학교 건립을 이끌었던

프랑스 2월 혁명 1830년에 일어난 7월 혁명으로 탄생한 금융 부르주아지 정권에 대한 반동으로 1848년 2월에 발생한 혁명을 가리킨다. 계속되는 흉작, 재정적 위기, 실업 등의 사회적 불안과 선거권 확대에 대한 정부의 탄압이 원인이 되어 정치적 입지를 보다 확실히 하고자 했던 부르주아와 19세기 초 이래 성장한 사회주의 세력 및 노동자 세력이 결집하여 봉기를 일으켰다. 루이 필립(Louis Philippe)의 왕정을 무너뜨리고 공화정을 성립시킨 이 혁명은 프랑스뿐 아니라 서유럽 여러 나라에도 영향을 끼쳐 갖가지 정치적 변동을 낳게 했다.

토마스 필립스는 숙원인 학교 건물 완공을 지켜보고서야 눈을 감았다. 그의 나이 향년 91세였다.

그 해 로버트 저메인 토마스는 오거스타 웨딩턴 부인의 후원 아래 설립자의 이름을 딴 토마스 필립스 장학금을 받고 슬란도버리 칼리지의 신입생이 되었다.

초대 교장인 존 윌리엄스는 학생들에게 경모의 대상이었다. 로버트 토마스 역시 그에게 교육받은 것을 일생 동안 자랑스럽게 여겼다.

존 윌리엄스는 옥스퍼드 대학교를 졸업하고 에든버러 대학교의 교목을 지냈으며 램피터Lampeter의 웨일스 대학교를 세우는 데도 공헌했었다. 영국에서 그에 대한 평판은 대단히 높았다. 위대한 문장가 월터 스콧Walter Scott 경은 그를 '하늘이 낸 교수', '유럽 최고의 교장'이라고 평가하였다. 그는 캔터베리 대주교의 개인 교사이기도 하였다.

슬란도버리 칼리지를 염려하던 친구에게 보낸 편지를 보면, 그가 학교 운영에 어떤 자세를 가지고 있었는지 알 수 있다.

"학교는 정말 잘 성장하고 있네. 나는 무엇보다도 이 약속의 현장에 구름이 끼지 않기만을 간절히 기도하고 있다네."

존 윌리엄스는 슬란도버리 칼리지가 개교한 해부터 로버트 토마스가 학교를 졸업하던 1853년까지 재직하다가 건강을 이유로 은퇴하였다.

웨일스의 명문 사학 슬란도버리 칼리지는 전인 교육을 지향하였다. 그 연장으로 교장 이하 모든 교사와 학생은 방학을 제외하고는 다 함께 기숙사에 기거했다. 당시 슬란도버리까지 가는 기차는 없었다. 따라서 방학이 되면 학생들은 걸어서 혹은 마차 편으로 집으로 갔다가 개학에 맞춰 모이곤 하였다.

슬란도버리 칼리지 근처의 캐슬 호텔

로버트 토마스의 경우는 슬라노버에서 애버게니까지 걸어가 사두마차를 타고 학교로 가야 했다. 대부분의 학생들은 근처의 캐슬 호텔에 모여 그 동안의 소식을 나누다가 학교로 들어가곤 했다.

로버트 토마스의 동급생이었던 윗킨 윗킨스Watkin Watkins는 자신의 회고록에 다음과 같은 글을 남기고 있다.

"슬란도버리 칼리지의 학우들은 건강하고 행복했다. 공부하는 것을 즐거워했고 운동 또한 열심히 했다. 그 때 학교에서 받은 감동과 감화는 일생 동안 나의 삶을 이끌어 왔다."

로버트 토마스는 엄격한 학칙 아래 학업과 기숙사 생활을 이어가면서 늘 묵묵히 자신의 일을 감당하는 학생이었다. 그는 헬라어, 라틴어, 프랑스어 등 여러 언어를 공부하면서 자신의 타고난 언어 재능을 개발하는 데 마음을 쏟았다. 또한 수많은 고전들을 섭렵하면서 신사가 갖춰야 할 교양과 덕목을 쌓아나갔다.

헤로도토스

칼리지 설립자 토마스 필립스는 전 세계를 여행하면서 일찍이 역사와 문학의 중요성을 깨달았고, 가는 곳마다 책들을 구입하였다. 그가 전 생애를 통하여 수집한 7천여 권의 장서는 칼리지에 기증되었고, 로버트 토마스를 비롯한 웨일스의 동량이 될 청년들의 영혼을 살찌우는 데 기여했다.

로버트 토마스가 졸업할 무렵에 치렀던 시험 과목을 살펴보는 것은 흥미로운 일이다.

신학   헬라어 사도행전 1—15장

　　　페일리William Paley의 기독교 변증

고전   그리스 역사가 헤로도토스Herodotus의 『역사』

　　　그리스 시인 에우리피데스Euripides의 『메데아』

　　　로마 철학자 키케로Cicero의 『우정론』

　　　로마 시인 호라티우스Horatius의 『시론』

작문   라틴어, 헬라어

역사   로마사 전체

　　　그리스사 1—6장

수학   유클리드Euclid의 『기하학 원본』 1—4, 6권

　　　대수학

　　　삼각법

로버트 토마스는 14살이 되었을 때 오로지 자신의 실력으로 옥스퍼드 대학교 지저스 칼리지*의 장학생이 되는 영광을 입었다. 옥스퍼드 대학교는 예나 지금이나 수재들만이 입학할 수 있는 곳이다. 입학하는 데는 시험 성적도 중요하지만 인터뷰를 통하여 그 학생이 가지고 있는 은사나 리더십도 중요하게 다루어진다.

로버트 토마스의 지적 자질이나 소양이 너무 빨리 꽃피었던 까닭일까? 모든 시험을 마치고 가족으로서나 본인으로서나 감격스러웠을 합격 통지를 받기는 했으나, 그는 너무 어리다는 이유로 입학이 보류되었다. 1862년의 기록을 보면, 그는 이렇게 말하고 있다.

"저는 지금 23세로, 독립 교회 목사의 아들입니다. 저는 성공회 부주교인 존 윌리엄스에게 교육을 받았습니다. 그분에게 받은 교육으로 좋은 성적을 거두었고 옥스퍼드 대학교 지저스 칼리지에 장학생으로 입학할 자격을 갖추게 되었습니다. 그러나 그 때 제 나이가 14세밖에 안 되었기에 저 다음의 성적을 받은 학생이 장학생으로 옥스퍼드에 들어갔습니다. 당시 저는 그가 입학하는 것을 기껍게 생각했습니다."

옥스퍼드 대학교 지저스 칼리지

지저스 칼리지 Jesus College, Oxford 옥스퍼드 대학교 칼리지 중 하나로 정식 이름은 'Jesus College in the University of Oxford of Queen Elizabeth's Foundation이다. 이 칼리지는 1571년, 13세기부터 있던 화이트홀(White Hall) 자리에 세워졌다. 처음에는 성직자를 위한 교육을 목적으로 문을 열었으나 의예와 법률 등 다양한 학문의 요람으로 자라갔다. 영국 전역에서 모인 학생들이 수학하고 있으나 특별히 켈트학 교수들이 모여 있고 켈트 도서관이 따로 있는 등 웨일스와 연관이 깊어서 '웨일스 칼리지'로 불리기도 한다.

Note

로버트 토마스 재학 당시
슬란도버리 칼리지의 규칙

1. 이 학교에 재학 중인 학생은 허가된 식당 외에 술집 등 공공 장소에 가는 것을 금한다.

2. 이 학교에 재학 중인 학생은 허락을 받지 아니하고 학교 외의 공공 장소에 가는 것을 금한다.

3. 이 학교의 기숙사생은 시간 약속을 어기거나 양심에 어긋나는 행동을 하거나 교장이나 교사에게 허락받지 아니한 행동으로 인해 부적합하다고 판명되면 기숙사를 떠나야 한다.

4. 교장의 허락 없이 기숙사 방을 바꿀 수 없다.

5. 모든 학생은 주일날 반드시 두 번의 예배에 참석해야 하며 다른 교회에서 예배를 드릴 때는 부모님의 허락서를 가지고 와야 한다.

6. 어떤 학생도 교장의 허락 없이 슬란도버리 칼리지에서 3마일(4.8킬로미터) 이상 벗어날 수 없다.

7. 모든 학생은 방학이 끝나는 날 저녁 식사 시간에 출석을 점검할 때 반드시 자리에 있어야 한다.

8. 모든 학생은 수업 이외의 시간에는 담임 교사의 감독하에 가능한 한

많은 운동을 하도록 한다.

9. 교사들은 일주일에 한번 이상 정해지지 않은 시간에 기숙사생들의 방을 방문할 수 있다.

슬란도버리 칼리지의 정문

슬란도버리 칼리지의 교사들

슬란도버리 칼리지의 전경

PART 2

향기 그윽한 푸른 옷소매,
잉글랜드의 숙녀

목회를 꿈꾸는 외과 의사 견습생 | 향기 그윽한 푸른 옷소매 | 하노버 교회 단상에 선 17세의 설교자 | 세인트 존스우드의 상아탑, 런던 대학교 뉴 칼리지의 신입생 | 웨일스 신앙 부흥 운동의 거센 물결 | 내가 여기 있나이다 나를 보내소서 | 역사를 준비하는 젊은이 | 내 사랑, 그 산기슭에 함께 누울 때까지

그린 슬리브스(Green Sleeves)
16세기경부터 애창된 영국 민요이다. 이 노래에 얽혀 있는 전설 가운데 가장 유명한 것이 헨리 8세(Henry VIII)와 앤 불린(Anne Boleyn)의 로맨스이다. 왕비의 시녀였던 젊고 아름다운 앤이 바로 이 노래의 주인공인 푸른 드레스 입은 아가씨라는 것이다. 앤은 수장령을 내리고 왕비와 이혼한 헨리 8세와 결혼했지만 결국 비극적인 종말을 맞이하게 된다. 유명한 처녀 여왕 엘리자베스 1세(Elizabeth I)가 바로 그녀의 딸이다.

아 추억도 새롭구나 그대 푸른 옷소매여 나 그대와 함께 항상 기쁜 나날을 보냈네
아 향기도 그윽하다 그대 푸른 옷소매여 꽃과 같은 소녀의 정다웠던 눈동자여
기쁨과 즐거움은 이제 멀리 사라졌네 그대 푸른 옷소매여 나의 가슴에 그린 슬리브스

"저는 학교를 떠나 2년 동안 외과 의사 견습생으로 있었습니다. 제가 그 의사 공부를 그만둔 것은 그 일이 싫어서가 아닙니다. 저는 지금도 종종 수술실 참관을 하곤 합니다. 다만 사역자가 되어 전임 사역을 하고자 하는 마음속 열망이 그 일을 그만두게 했다고 할 수 있을 것 같습니다."

_로버트 저메인 토마스

목회를 꿈꾸는 외과 의사 견습생

청년티가 완연한 로버트 토마스는 이제 더 이상 슬란도버리 칼리지에 있을 필요가 없었다. 이미 모든 과목을 우수한 성적으로 이수하였고, 자신의 공부에 지대한 영향력을 미쳤던 존 윌리엄스도 건강 문제로 학교를 떠나야 했기 때문이었다.

예나 지금이나 과학의 극치는 의학이다. 과학이 발달될수록 불치병을 고치고 생명을 연장하는 데 사용되고 공헌하기에 공부 잘하는 젊은 이들이 의학도로서의 길을 걷는 일은 다반사로 보인다. 젊은 토마스도 예외는 아니어서, 슬란도버리 칼리지를 졸업한 후 주변 사람들의 권유를 받아들여 외과 의사로서의 교육을 받게 된다.

당시에는 왕실 의사 면허 시험 제도가 있어서 공인된 의사 밑에서 몇

토마스 선교사가 재직했던 온들의 초등학교

년간 공부와 실습을 하고 의사 시험에 합격하면 의료 활동을 할 수 있었다.

슬란도버리 칼리지의 설립자인 토마스 필립스는 오늘날에도 런던 대학교 의과 대학에서 '의술의 아버지'로 불리며 존경을 받고 있다. 그의 영향도 있었겠지만 어쨌든 로버트 토마스는 외과 분야 권위자였던 워터먼waterman 박사 밑에서 2년여간 교육을 받았다.

토마스는 도전적이고 성실한 그의 성품대로 이내 의학 공부에도 열렬한 흥미와 보람을 느끼게 되었다. 그러나 한편으론 진지하기 이를 데 없던 그 영혼은 언제부터인가 사람의 육신을 고치는 일보다 영혼을 고치는 일이 더 시급하다는 것을 깨달아 가고 있었다.

그 무렵 그는 아버지가 목회하고 있는 하노버 교회에서 교인들의 동의를 거쳐 정식 교회 회원이 되었다. 심적으로나 상황적으로나 마음이 흔들리기 시작했던 토마스는 친우들과 자신의 고민을 나누었다. 그리고 전적으로 사람의 영혼을 구하는 것이 더 중요하다고 동조해 준 친우들의 격려와 본래 독립적이었으며 옳다고 생각하는 것을 행동으로 옮기는 결단력이 있던 본인의 성격에 힘입어 그는 결국 의사 공부를 그만두게 된다.

그렇게 힘든 결정을 내렸을 때, 그는 마치 기다렸다는 듯 잉글랜드의 온들Oundle로부터 교사로 초빙을 받았다.

온들은 나지막하고 평탄한 경작지가 많은 노샘프턴셔Northamptonshire 주에 위치한 도시였다. 그 동안 웨일스를 벗어나 보지 못했던 토마스에게 온들은 기대에 부풀게 하기에 충분했다. 광업과 목축업이 주종이던 웨일스에 비하여 온들은 넓은 땅을 경작하여 많은 수확을 거두고 있었다. 작은 도시였지만 삶의 윤택함은 은연중에 드러나 아담하면서도 산뜻한 시가지와 주택가에는 풍요로운 분위기가 넘쳤다.

온들 회중 교회

교사로 부임할 당시 그의 나이 16세였으나, 슬란도버리 칼리지에서 받은 최고의 교육은 초등학생들을 가르치는 데 아무 무리가 없게 했다.

토마스는 만남의 축복을 누린 사람이었다. 적어도 대학 시절 잠시 혼란을 겪기 전까지는 만나는 사람들에게서 많은 것을 배웠고, 스스로 역시 신실하고자 줄기차게 애를 썼다. 목회자의 자녀였기 때문만은 아니었으리라. 그에게는 타고난 성품으로 품격과 예의 바른 신사도가 배어 있었다.

고향 웨일스와 사뭇 다른 분위기의 온들에서 그는 그의 생애에 큰 영향을 끼치게 될 두 사람과 만나게 된다.

한 사람은 토마스를 온들로 초청한 학교의 교장, 앨프

레드 뉴스Alfred Newth였다. 당시 44세였던 그는 30세 무렵부터 온들 회중 교회 담임 목사로 사역해 온 인물이었다.

앨프레드 뉴스의 아버지도 토마스의 부친처럼 목회자였는데, 아들들이 장차 석학으로 쓰임받도록 집안에서 직접 모든 공부를 가르쳤다. 그리하여 앨프레드 뉴스는 그의 형과 함께 아버지에게서 라틴어와 헬라어, 히브리어를 배웠고 고전과 역사를 섭렵했다.

앨프레드 뉴스는 청소년 시절부터 중국에 선교사로 가기 위하여 준비하고 있었다. 훗날 중국 선교 역사에서 중요한 위치를 차지하게 되는 로버트 모리슨Robert Morrison*에게 직접 중국어를 배우기도 하는 등 오랫동안 중국 선교를 꿈꾸었다. 그러나 23세 때 호머튼 대학교에 들어가면서 선교사의 꿈을 포기하고 목회의 길을 걷게 되었다.

의욕 넘치는 신입 교사 토마스는 그를 통하여 중국이란 나라에 접하게 되었다. 직접 중국 선교에 대한 이야기를 듣기도 하고 간간이 중국어를 배우기도 했다. 토마스가 중국 선교사로 가기 위한 구체적인 비전은 그렇게 시작되었다.

한편, 앨프레드 뉴스의 형은 런던 대학교 뉴 칼리지의 학장으로 재직

로버트 모리슨

로버트 모리슨 Robert Morrison, 1782-1834 프로테스탄트 선교사로는 최초로 중국에 파송된 인물로 중국명은 마리쉰(馬禮遜)이다. 중국 선교의 아버지로 불리는 그는 1807년 런던 선교회(London Missionary Society)를 통하여 중국에 파송된 후 죽을 때까지 영국 동인도 회사 통역으로 근무하면서 선교 활동을 펼쳤다. 27년간 선교 활동을 하면서 겨우 10명을 개종시켰지만, 그들 가운데서 최초의 중국인 성직자가 나왔다. 1813년부터 신약성경을 중국어로 번역하기 시작했고, 1818년 말라카(Malacca)에 외국인에 의한 최초의 신학문 학교인 영화(英華) 학당을 세웠다. 또한 『중국어 문법』(1815), 『중국어 사전』(1815-1823) 등도 서술했다.

하고 있었다. 1년 후 토마스가 옥스퍼드 대학교 지저스 칼리지 장학생 자격이 있음에도 불구하고 뉴 칼리지에 입학 원서를 쓴 이유가 여기에 있기도 하다.

앨프레드 뉴스는 인간적인 정애가 가득한 따뜻한 성품을 지녔고 유머 감각이 풍부한 사람이었다. 고향 웨일스를 떠나 있던 젊은 토마스에게 그는 누구보다도 많은 관심과 사랑을 베풀었다.

온들은 인구가 3천 명 정도 되는 작은 마을이었다. 14세의 나이에 옥스퍼드 대학교 장학생으로 선발되었고 의학 공부도 했다는 청년 교사에 대한 소문은 금세 퍼졌다. 어린 학생들이나 그들의 부모를 포함한 주민 모두가 그에게 관심을 가졌고 호감을 느꼈다.

토마스는 자애롭고 박식한 뉴스에게서 더 많은 것들을 배우고자 했다. 그러나 아쉽게도 뉴스는 1856년 가을 잉글랜드 북부의 랭커셔Lancashire 대학교로부터 철학과 수학 학과장으로 초빙을 받았다. 그가 자식 교육에 평생을 쏟은 아버지를 생각하며 고심 끝에 전임하기로 결정하자, 토마스의 행로도 바뀌게 된다.

사색적인 이마를 가진 17세의 청년은 1년간의 온들 생활을 접고 가족이 있는 슬라노버로 돌아온다.

한 가지 더 짚고 넘어가야 할 만남은 토마스가 웨일스로 돌아가기 전 일어났다. 그의 필생의 연인이자 반려자가 될 아름다운 아가씨 캐롤라인 고드프리 Caroline Godfrey 와의 조우가 그것이다.

STORY 9

"캐롤라인은 상당히 조용하고 생각이 깊은 성격이라
몸이 아프면서도 겉으로 드러내지 않았습니다."
_ 상하이에서 온 뮤어헤드의 편지 중에서

향기 그윽한 푸른 옷소매

　　1455년 영국에서 장미 전쟁이 일어났다. 이름에서 연상되는 것과 달리 영국 왕위 계승을 둘러싼 피비린내 나는 내전이었다. 전통 있는 봉건 귀족 요크York 가와 랭커스터Lancaster 가 사이에서 30년간이나 지속된 이 전쟁의 이름은 요크 가의 문장紋章이 흰 장미, 랭커스터 가의 문장이 붉은 장미였던 데서 유래한다.

　　당시 10만여 명의 사망자가 나온 이 치열한 싸움은 대부분의 전쟁이 그렇듯 모두의 패배로 끝났다. 결국 랭커스터 가의 헨리 튜더Henry Tudor가 요크 가의 엘리자베스Elizabeth of York와 결혼하면서 전쟁은 끝나고, 새로운 튜더 왕조가 세워졌다. 양쪽 가문을 상징하는 흰 장미와 붉은 장미를 섞어서 만든 튜더 왕조의 문장 '튜더 장미'Tudor Rose는 오늘날까지 영국 왕실의 문장으로 남아 있다.

스코틀랜드 여왕,
메리 스튜어트

전통적으로 요크 가의 본거지로 알려진 노샘프턴셔 주 포서링게이Fotheringhay에서 가장 유명한 건축물은 아마도 포서링게이 성이었을 것이다. 지금은 덤불숲일 뿐인 이 성에서 요크 왕조의 마지막 왕인 리처드 3세Richard III가 태어났고, 그와 요크 왕조 초대왕 에드워드 4세Edward IV의 아버지인 요크 공작 Richard, Duke of York이 매장되었다. 또한 비운의 스코틀랜드 여왕 메리 스튜어트Mary Stuart*가 사형장의 이슬로 사라진 곳이기도 하다.

곡절 많은 포서링게이 성에서 멀지 않은 곳에 탠서Tansor라는 마을이 있었다. 그 곳에서 가장 명망 있고 영향력 있는 인물은 오래전 마을 영주가 사용하던 저택을 구입하고 정착한 존 고드프리John Godfrey였다. 그는 귀족 출신은 아니었지만, 산업 혁명 당시 부모로부터 물려받은 재산을 늘려 신분 상승을 이룬 그 마을 최고의 갑부였다.

고드프리 저택 앞에는 케임브리지셔Cambridgeshire 주에서 발원하여 북해로 흘러가는 니인 강이 유유히 흐르고 있었고, 강 건너편에는 73만여 평에 달하는 고드프리 가의 비옥한 토지가 끝도 안 보이게 펼쳐

스코틀랜드 여왕, 메리 스튜어트 Mary, Queen of Scots, 1542 – 1587 스코틀랜드 왕 제임스 5세(James V)의 딸로서 생후 1주일 만에 아버지가 사망하여 스코틀랜드 여왕으로 등극했다. 5살 때 어머니의 모국인 프랑스로 보내져 구교도로 양육받다가 첫 남편이 병사하자 스코틀랜드로 돌아왔다. 1565년 구교도인 단리(Darnley) 경과 재혼함으로써 신교도의 반감을 격화시켰으며, 1567년 단리 경을 암살한 보스월(Bothwell) 백작과 다시 결혼하여 귀족들의 반란을 촉발시켰다. 탈출하여 친척인 잉글랜드 여왕 엘리자베스 1세(Elizabeth I)에게 보호를 요청했으나 오히려 경계 대상이 되고 19년간이나 유폐되었다. 1586년 엘리자베스 1세를 제거하려는 구교도들의 음모에 연루되었다는 사실이 밝혀져 그녀는 포서링게이 성의 넓은 방에서 처형당하고 만다. 한편으로는 낭만적이고 비극적인 인물로, 한편으로는 간악한 요부로 비쳐진 메리는 지금까지도 논쟁거리가 되고 있으며 수많은 문학과 예술 작품의 소재가 되어 왔다.

고드프리 가 저택

져 있었다. 그 지역에 사는 사람 치고 존 고드프리의 땅을 밟지 않고 살 수 있는 사람은 없었다. 당시 고드프리 가에서는 15명의 하인이 살림을 맡아 보았는데, 집안에서 가족들의 시중을 드는 하인만도 3명이었다.

고드프리 가의 주인, 존 고드프리에게는 아들 다섯과 딸 하나가 있었다.

그는 고명딸을 지극히 사랑하였다. 딸을 얼마나 애지중지했는지는 그녀에게 아내의 이름과 똑같은 이름을 붙여 준 데서 알 수 있다. '고결한'이라는 이름의 의미대로 캐롤라인은 아버지에게 눈에 넣어도 아프지 않을 금지옥엽이었다. 위로는 존과 토마스, 아래로는 윌리엄, 헨리, 조지의 다섯 남자 형제들에 둘러싸인 캐롤라인은 고드프리 집안에 핀 한 떨기 흰 장미였다.

잉글랜드 중부의 아취 있는 장원莊園에서 캐롤라인은 상냥한 눈매를 가진 아름다운 아가씨로 성장했다. 19세기 영국의 교양 있고 부유한 집안의 딸들이 그러했듯이 개인교사에게 수준 높은 사교육을 받은 그녀는 지성과 미모를 겸비한 규수였다.

여러 모로 요크 가의 향기가 남아 있는 고장에서 태어

난 캐롤라인이 요크 왕조의 역대 왕과 긴밀한 관계가 있는 유서 깊은 포서링게이 교회*에서 유아 세례를 받은 것은 지극히 자연스러운 일로 보인다. 하늘을 찌를 듯 높이 솟은 탑의 위용을 자랑하는 그 교회의 당시 담임 목사는 토마스 린턴Thomas Linton이었다.

캐롤라인이 유아 세례를 받은 포서링게이 교회

덕망 있고 부유한 농장주였던 존 고드프리는 온들에 있는 독립 교회의 집사이기도 했다. 독립 교회는 장로 교회와 같은 장로 제도가 없다. 따라서 목회자를 돕는 일 역시 집사가 감당해야 할 몫이었다.

존 고드프리가 온들 교회의 집사가 된 것은 토마스가 온들로 가기 전인 1849년이었다. 당시에 독립 교회에서 집사로 선출되는 것은 장로 교회에서 장로가 되는 것보다 어려웠기에 교인이 수백 명이 넘는 곳에서도 집사는 3명 내지 4명 정도였다.

온들 회중 교회도 예외는 아니었다. 할 일이 많은 교회였음에도 불구하고 집사는 보통 10년에 한 명 정도 배출되었다. 존 고드프리와 그 이전에 선출된 집사, 그 이후에 선출된 집사 사이에는 각각 10년의 세월

포서링게이 교회 창문의 요크가 문장

포서링게이 교회에 남아 있는 요크가의 흔적 잉글랜드 노샘프턴셔 주 포서링게이의 성은 현재 덤불로 덮인 채 흔적도 찾아보기 힘들 뿐이지만 유서 깊은 포서링게이 교회는 그 위용을 과시하며 아직 남아 있다. 이 교회는 1434년에 건축된 건물로서 여러 모로 요크 가와 관련이 있음을 보여주는데, 위풍당당한 탑 꼭대기에는 요크 가의 상징인 도금된 매의 조형물이 세워져 있다. 역대 요크 공작과 공작부인이 잠들어 있는 이 교회의 설교단 역시 요크 왕조의 초대왕 에드워드 4세가 증여한 것이며, 회랑이나 창문의 스테인드글라스 곳곳에도 요크 가의 문장과 상징들이 새겨져 있는 것을 볼 수 있다.

이 자리 잡고 있었다. 이를 볼 때 존 고드프리가 그 교회에서 집사로 선출되었다는 것은 그가 얼마나 신실한 기독교인이었는가를 알려주는 단적인 예가 된다.

토마스는 온들 회중 교회가 운영하는 학교의 교사로 초빙받았기에 자연스럽게 교회 주일 학교에서도 학생들을 가르치게 되었다. 그리고 그 교회 안에서 집사 존 고드프리의 외동딸 캐롤라인 고드프리를 만나게 된다. 로버트 토마스보다 5살이나 연상이었지만 청초하기 이를 데 없던 그녀를 처음 보았을 때 이제 막 소년티를 벗은 토마스는 어떤 생각을 했을까?

지금도 잉글랜드의 언덕과 강가를 휘감고 흐르는 아름다운 민요, '그린 슬리브스'는 이렇게 노래하고 있다.

아 추억도 새롭구나 그대 푸른 옷소매여
나 그대와 함께 항상 기쁜 나날을 보냈네

아 향기도 그윽하다 그대 푸른 옷소매여
꽃과 같은 그 소녀의 정다운 눈동자

그대 푸른 옷소매여
나의 가슴에 그린 슬리브스

토마스에게도 예외없이 청춘의 격랑이 지나갔을까? 첫눈에 자신의 영원한 반려가 될 여인임을 알아챘을까? 어떠하였든 지성미 넘치는 침착한 눈매를 가진 캐롤라인은 노랫가락에 나오는 전설의 아가씨 못지않은 우아한 숙녀로 비쳐졌을 것이 틀림없다.

토마스는 언제나 그랬듯 자기가 맡은 일에 최선을 다하였다. 그 해 말의 교회 기록을 보면, 장년부가 70명이던 교회에서 주일 학교 학생은 120명이 출석하고 있다. 훗날 토마스는 자신이 주일 학교 학생들을 가르친 경험이 풍부하다고 기록하고 있다.

Note

피로 물든 흰 장미와 붉은 장미, 장미 전쟁

튜더 장미 (Tudor Rose)

에드워드 4세

영국 왕실에 강력한 튜더Tudor 왕조가 탄생하기에 앞서 전통적인 영국 왕가 요크York 가와 랭커스터Lancaster 가가 왕권을 둘러싸고 벌인 유혈 내전을 가리킨다. 이 전쟁의 드라마틱한 이름은 각기 에드워드 3세Edward III의 정통 후손이라고 주장한 요크 가와 랭커스터 가가 각각 흰 장미와 붉은 장미를 문장으로 하였기에 붙여진 것이다.

랭커스터 왕조의 헨리 6세Henry VI가 무능하여 정부가 약화되면서 요크 공작 리처드Richard, Duke of York가 자신에게도 왕위 계승권이 있다고 주장함으로써 두 가문 사이에 이 30년에 걸친 혈투가 벌어지게 된다. 1455년 전투가 시작되어 1460년 요크 공작 리처드가 전사했고 1461년에는 그의 장남 에드워드가 랭커스터 파를 격파하고 헨리 6세를 국외로 추방시켰다. 이로써 에드워드는 요크 왕조의 초대왕 에드워드 4세Edward IV로 즉위하였으나 요크 파의 워릭 백작Richard Neville, Earl of Warwick의 배신으로 한때 추방되기도 하였다. 그는 다시 세력을 회복하고 귀국하여 워릭 백작을 패사시키고 복귀했던 헨리 6세를 살해함으로써 랭커스터 왕조를 멸망시켰다.

1483년 에드워드 4세가 사망한 후 12세의 장남이 그의 뒤를 이었으나 숙부 글로스터 공작 리처드Richard, Duke of Gloucester에 의해 모살되었고, 글로스터 공작 자신이 리처드 3세Richard III로 즉위하였다. '찬탈자' 글로스터 공작은 셰익스피어William Shakespeare의 유명한 희곡 『리처드 3세』의 주인공이기도 하다.

이 무렵 유럽 대륙에 망명해 있던 랭커스터 가의 리치먼드 백작 헨리 튜더Henry Tudor, Earl of Richmond가 1485년 웨일스에 상륙하여 리처드 3세를 패사시킴으로써 30년에 걸친 장미 전쟁을 종료시켰다. 헨리 튜더는 헨리 7세Henry VII로 등극하고 요크 가의 숙녀 엘리자베스Elizabeth와 결혼하여 튜더 왕조의 문을 연다. 아래의 초상화를 보면 엘리자베스는 요크 가의 상징인 흰 장미를, 헨리는 랭카스터 가의 상징인 붉은 장미를 들고 있는 것을 볼 수 있다.

리처드 3세

요크의 엘리자베스

장미 전쟁을 종식시킨 헨리 튜더

"저에게 어떤 극심한 상황이 온다 해도 첫 신앙의 감동이 변하지 않을 것이라는 사실을 말씀드리고 싶습니다. 제가 기독교인인 이유는 제가 주님을 사랑하고 죄를 미워하며 하나님의 은혜 안에서 예수 그리스도의 삶을 따라가려고 노력하기 때문입니다." _ 로버트 저메인 토마스

하노버 교회 단상에 선
17세의 설교자

토마스는 온들에서 그리운 가족의 품으로 돌아왔다. 그는 이제 더 이상 키만 큰 소년이 아니었다. 짧다면 짧고 길다면 긴 1년의 시간은 그의 넓은 이마와 깊은 눈가에 다양한 감정과 경험의 흔적이 새겨지게 했다. 의식하지 않은 어느 순간 그의 눈빛은 예전과 달리 놀랍도록 성숙한 광채를 띠곤 했다.

한결같이 성실한 목회자였던 아버지 토마스 목사는 그에게 설교를 의뢰했다. 이미 자신의 뒤를 이어서 사역자의 길에 들어서기로 결심한 아들을 훈련시키기 위함이었다. 토마스 목사 자신도 18살 때부터 설교를 시작했는데, 아들은 자기보다 더 어린 나이에 설교를 하게 되었으니, 그의 흐뭇했을 마음이 상상이 된다.

젊은 토마스는 "예수 그리스도는 어제나 오늘이나 영원토록 동일하시니라"히브리서 13장 8절라는 본문으로 첫 설교를 시작한 이래 수많은 설교를 하게 된다. 그리고 진로와 진학에 대해서도 현실적으로 숙고하게 된다.

토마스는 이미 오래전부터 아버지의 설교를 통해 선교에 대한 도전을 받아 왔었다. 그러나 구체적으로 한 이방 민족중국에 대한 선교를 이야기해 주었던 사람은 온들 회중 교회의 담임 목사이자 온들 학교의 교장이었던 앨프레드 뉴스였다.

그로부터 감화를 받은 토마스는 옥스퍼드 지저스 칼리지에 장학생으로 합격한 전력이 있음에도 앨프레드 뉴스의 친형 새뮤얼 뉴스Samuel Newth 목사가 학장으로 재직 중인 런던 대학교 신학부 뉴 칼리지에 입학을 지망하게 된다. 그러나 17세라는 나이는 여전히 대학에 들어가기에 모자란 나이였고, 결국 그는 가입학을 하고 정식 입학생이 되기까지 몇 달을 기다려야 했다.

기다리는 동안 토마스에게는 설교 말고도 할 일이 있었다. 노방 전도가 그것이었다. 그는 지역 교회의 초청을 받아 설교를 하기도 했지만, 더 많은 시간을 노방 전도에 할애했다.

노방 전도는 당시 영국에서 보편적인 전도 방법이었다. 존 웨슬리John Wesley도 성공회에서 추방당하자 노방 전도를 통해서 회심자들을 모으기 시작하였고, 하노버 교회에서 가까운 트레페카Trefeca 지역에서도 웨일스 장로 교회의 창시자인 하웰 해리스Howell Harris*가 노방 전도로 많은 사람들을 개종시켰다. 하웰 해리스는 전도를 다니다가 돌에 맞

존 웨슬리　　　　　하웰 해리스　　　　윌리엄 윌리엄스　　　　조지 휫필드

아 정신을 잃기도 하였다. 수많은 찬송가를 작사한 웨일스 감리교 부흥 운동 지도자 윌리엄 윌리엄스William Williams 또한 하웰 해리스에게 거리에서 복음을 듣고 큰 감화를 받았으며, 그 또한 노방 전도자가 되었다.

　존 웨슬리가 첫 번째 목회를 하였고 조지 휫필드George Whitefield가 자주 와서 노방 설교를 하였던 브리스틀Bristol도 하노버 교회에서 불과 수 킬로미터 떨어진 곳에 있었다.

　18세기의 영국 신앙 부흥 운동은 이렇게 박해와 비난과 돌팔매질과 외면을 감수하며 거리에서 전도했던 전도자들로 인하여 일어났다. 감수성 예민한 청년 토마스가 눈으로 보아서든 귀로 들어서든 영향을 받지 않으려야 받지 않을 수 없는 상황이었다.

　토마스는 위대한 선진들의 발자취를 따라 열심히 전도하였다. 아무리 열악한 환경이라도, 돌아오는 것은 배타적인 반응뿐이라도 그는 그의 천성대로, 의지대로 자기의 힘을 다하였다. 이는 훗날 중국 베이징에서 매일같이 벌였던 노방 전도의 밑천이자 힘이 된다.

하웰 해리스 Howell Harris, 1714 – 1773　대니얼 롤런드(Daniel Rowland), 윌리엄 윌리엄스(William Williams) 등과 함께 18세기 웨일스 신앙 부흥 운동을 주도했던 인물이다. 브렉크녹셔 탈가스(Talgarth)의 비천한 가문에서 태어난 그는 국교회 목사를 꿈꾸며 자랐다. 그러나 1735년 회심을 체험한 후 웨일스에서 복음주의 운동을 전개하기 시작했다. 먼저 남부 웨일스 지역에서 강력한 언변과 압도적인 열정으로 대중의 호응을 얻었으며, 폭도들과 치안 판사들의 위협에도 불구하고 북부 웨일스까지 활동 범위를 확대해 나갔다. 1752년 트레페카(Trefeca)로 은퇴하여 모라비아교도들에게서 영감을 얻어 세운 종교적 공동체(Teulu Trefeca=Trefeca family)를 운영했다.

"예수님은 우리의 중보자 되시며, 다시 오셔서 모든 것을 심판하실 것을 믿습니다. 그분의 중보로 성령님이 오셔서 우리를 회복시키시고 우리의 죄를 완전히 깨끗하게 해주신 것을 믿습니다. 우리가 의롭게 되는 것은 오로지 예수 그리스도를 믿음으로써만 가능하다는 것을 믿습니다. 저는 천국과 지옥을 믿으며 마지막 부활을 믿습니다."
_로버트 저메인 토마스

세인트존스우드의 상아탑,
런던 대학교 뉴 칼리지의 신입생

런던 북서부 세인트존스우드St. John's Wood, 리젠트 공원 북쪽에 위치한 뉴 칼리지는 런던 대학교의 신학부였다. 뉴 칼리지는 1850년 5월에 신축하기 시작한 건물이 이듬해에 완공되면서 문을 열었다. 이 학교의 교육 과정은 5년에 걸친 것이었는데, 2년간은 인문학 과정이고 3년간은 신학 과정이었다. 인문학 과정에는 철학, 역사, 과학 등의 과목이 포함되어 있었다.

뉴 칼리지의 학생이 되려면 담임 목사의 추천서 등이 첨부 되어야 했다. 입학 시험 역시 상당히 까다로워서 영문법, 기초 헬라어·라틴어 문법과 독해, 그리스 역사, 로마 역사, 영국 역사, 수학, 유클리드의 『기하학 원본』 1권 등 여러 과목을 모두 거쳐야 했다.

런던 대학교 뉴 칼리지

모자란 나이 때문에 가입학만 하고 몇 달을 기다려야 했던 토마스는 드디어 정식으로 뉴 칼리지의 학생이 되었다. 여러 곡절 끝에 누리게 된 학구적인 환경 때문이었을까? 웨일스의 전원 마을과는 전혀 다른 대도시의 진취적인 분위기에 긴장했던 것일까? 아니면 그가 막 그리기 시작한 비전을 위한 첫걸음이라고 생각했던 것일까? 토마스는 더할 나위 없이 학업에 충실했다.

그는 입학한 지 2년 만에 학사 학위를 받았고, 잠깐의 방황 끝에 복귀한 신학부 과정 3년간은 뉴 칼리지에서 가장 높은 장학금인 밀스Mills 장학금을 받았다. 그가 받은 장학금은 연당 30파운드에 달했는데, 이는 일반 사립 학교 교사의 연봉에 해당하는 액수였다. 좋게 말해 소박한 생활을 이어가던 토마스에게는 학비와 생활비를 해결해 줄 뿐 아니라 2남 4녀의 자녀를 둔 그의 부모의 가계에도 도움을 줄 수 있는 금액이었다. 그는 그 외에도 셀윈 펀드Selwyn Fund로부터 서적 지원까지 약속받았다.

그러나 그의 대학 시절이 언제나 순탄했던 것만은 아니었다. 뉴 칼리지 학생이 된 지 2년 만에 토마스에게는 걷잡기 어려운 마음의 갈등이 찾아왔다. 신중하고 진지한 성품이 이번엔 그의 고통을 더해 주었다. 고민하면 할수록 더 깊은 번뇌에 빠지게 되었던 것이다.

토마스가 뉴 칼리지에 간 이유는 중국 선교사를 꿈꾸었기 때문이었다. 뉴 칼리지에 입학한 직후인 1857년 9월 23일에 런던 선교회로 보낸 선교사 후보생 신청서가 바로 그 증거이다. 그러나 바로 그 문제가 토마스의 한숨의 원인이기도 했다. '과연 선교사로 일생을 사는 것이 주님이 나에게 원하시는 것일까?' 그에 대한 확신이 서질 않았던 것이다.

또한 목회자가 되고자 의사 수업을 그만두었던 행동이 옳은 것이었는지에 대해서도 판단이 서지 않았다. 그는 심각하게 자신의 진로에 대해 고민하게 된다.

영국에서 교회는 계속 부흥하고 있었다. 한때는 매주 네 곳꼴로 새 교회 건물이 지어지기도 했다. 상가나 주택에 부속된 건물이 아니라 번듯한 단독 교회 건물들이 경쟁적으로 세워졌고, 토마스가 태어난 웨일스에서도 위대한 부흥의 소식들이 계속 들려오고 있었다. 복음에 대한 열정에 사로잡혀 있는 젊은이가 복음을 전하기 위해 행동해야 할 시간에 책상에 앉아 있는 것이 쉬운 일이 아닌 시대였다.

당시 토마스보다 5살 많았던 찰스 스펄전 Charles H. Spurgeon*은 이미 런

찰스 스펄전

찰스 스펄전 Charles H. Spurgeon, 1834 – 1892　영국 근본주의 침례교 목사로 설교자로서 명성을 떨친 인물이다. 회중 교회 가정에서 태어났지만 1850년 회심한 후 침례를 받고 16세의 나이로 침례교 목사가 되었다. 1854년 런던의 뉴파크스트리트(New Park Street) 교회 목사로 부임하여 죽을 때까지 목회하면서 불일 듯 교회를 부흥시켰다. 그는 확고한 성경 이해와 장엄한 언어 구사, 원대한 목회 비전과 강력한 리더십을 바탕으로 교회 성장을 주도해 갔으며, 기도를 최고의 전략으로 삼았다. 그리고 그 당시에는 엄두도 내지 못했던 다양한 목회 프로그램들을 시행하여 교회의 새로운 모델을 창출했다. 그가 일으킨 부흥의 불길은 삽시간에 런던과 영국 전역에 퍼져 암울한 19세기 영국 교회에 부흥의 불씨를 지폈다.

뉴 칼리지 학장 새뮤얼 뉴스

던에서 목회자로 사역하고 있었다. 동년배에 가까운 청년이 대학 교육을 받지 않았음에도 유명한 뉴파크스트리트 교회의 청빙을 받고 목회자로서의 명성과 부흥을 경험하고 있다는 사실이 토마스에게 무겁게 다가왔던 것 같다. 영혼을 구원하는 현장에 뛰어들지 아니하고 펜만 잡고 있다는 현실에 회의를 느꼈던 것일까?

토마스는 설교에 재능이 있었다. 그는 21세의 나이에 156번의 설교 경험을 가지고 있었고, 그 설교 내용을 기록한 노트도 보관하고 있었다. 영국의 교회는 새벽 기도나 수요 예배, 철야 예배가 없었다. 노방 전도를 제외하고 156번이나 설교를 했다는 것은 주일날 다른 교회 예배에 초청을 받아 설교했음을 나타낸다. 그것은 한 목회자가 2-3년 동안 한 교회에서 목회하면서 설교하는 분량에 해당하는 것이다.

토마스의 노트에는 설교한 교회와 담임 목회자들의 이름이 꼼꼼히 기록되어 있다. 그것에 의하면, 그는 렉섬Wrexham, 리버풀Liverpool, 체스터Chester 등 웨일스와 잉글랜드 전역을 다니면서 설교했다. 토마스는 그 사역을 흡족하게 여겼다. 시간이 흐를수록 설교를 통해 한 영혼이라도 더 복음을 접하게 하는 것이 낫겠다는 생각이 그의 머리 속을 점령해 갔다.

고심초사하던 토마스는 결국 휴학계를 내고 말았다.

휴학을 결심하기까지 그가 얼마나 방황했는지는 대학 심의회 의사록에서 흔적을 찾아볼 수 있다. 학

세인트존스우드의 거리

교 당국에서는 임의로 휴학을 신청한 토마스를 강하게 비판하였다. 학교의 허락 없이 휴학한 것은 자퇴로 간주할 수밖에 없음을 밝히고 이에 대한 긍정적인 결정은 유보한다고 했을 정도였다.

원대한 포부를 안고 인내 끝에 안착한 상아탑이었건만 토마스는 시대의 요구에 부응하기 위해 그 문을 나섰다. 다시 돌아오지 않을 듯 걸어나가는 그의 어깨는 착잡해 보이기만 했다. 스스로의 결단에 황망한 그의 눈엔 항상 활기에 넘쳐 보이던 세인트존스우드의 거리도 순간 빛을 잃은 듯 보였다.

"뉴 칼리지에서 수학하는 동안 기독교 선교와 사명에 대한 시각이 어느 정도 성숙하게 되었습니다. 휴학하면서 저는 오로지 설교에만 몰두하였습니다. 자신의 흠을 부끄러워하지 않는 사역자가 되기보다는 부끄러운 흠을 최소한으로 줄이는 사역자가 되고자 합니다."

_로버트 저메인 토마스

웨일스 신앙 부흥 운동의 거센 물결

대학 시절 토마스가 선교사가 될 것인가, 목회자가 될 것인가 하는 문제로 고민한 흔적들은 수시로 볼 수 있다. 런던 윌리엄스 도서관*에 보관되어 있는 뉴 칼리지 심의회 의사록을 보면, 그가 재학 중이던 7년 동안 그의 이름이 17번이나 등장하고 있다. 이는 그가 부정적이든 긍정적이든 그만큼 학교에서 '비범한 학생'이었다는 것을 의미한다.

윌리엄스 도서관 Dr. Williams' Library 웨일스 렉섬(Wrexham) 출신의 저명한 장로교 목사, 대니얼 윌리엄스(Daniel Williams, 1644-1716)에 의해 세워진 도서관으로 주로 신학에 관계된 도서 2만여 권이 소장되어 있다. 이 도서관은 매주 주말을 제외하고는 매일 문을 열어 각계 각층의 시민들이 이용하고 있다. 현재 11월부터 겨울 넉 달 동안은 오전 10시부터 오후 3시까지 열람할 수 있지만, 그 외 기간에는 오후 4시까지 이용할 수 있다. 도서관 열람실은 대략 50명 정도를 수용할 수 있는 규모이며 도서 대여가 가능하다. 도서관에 들어가면 유명한 청교도 목회자 리처드 백스터(Richard Baxter)의 초상화 원본이 걸려 있는 것을 볼 수 있다.

여러 가지로 구설에 올랐던 토마스는 휴학계를 낸 뒤 북부 웨일스 렉섬으로 갔다. 둘도 없는 스승이기도 했던 아버지의 고향 렉섬, 런던에서 상처 아닌 상처를 받았던 토

토마스가 렉섬에 있을 당시 머물렀던 킹스밀 하우스

마스는 그 곳에서 부흥을 경험하고 설교자로서의 명성을 쌓기 시작했다.

1858년 겨울 서부 웨일스에서 일어났던 신앙 부흥 운동은 웨일스 전역으로 확산되었고, 11만 명이 주님께로 돌아오는 대역사가 일어났다. 렉섬 역시 그 뜨겁고 거센 물결에 휩쓸렸다. 그 곳에서 토마스는 전적으로 사역에만 전념하였으며, 특히 순회 설교자로 활약하였다.

그리하여 21세의 나이에 북부 웨일스의 한 교회로부터 담임 목사 청빙을 받았다. 독립 교회는 총회가 아니고 연합회 형식이었기에 목사 안수는 철저하게 성도들의 투표로 결정되었다. 따라서 목사가 신학교를 나와야 한다는 규정도, 대학을 졸업해야 한다는 규정도 없었다. 설교에 은사가 있고 삶이 청렴하며 교인들에게 충분히 검증되는 후보에게 교회에서 안수를 주는 것이 당시 독립 교회의 제도였다. 따라서 토마스는 그를 초빙하는 교회가 있고 그가 그것을 받아들이기만 하면 담임 목사로 사역할 수 있었다.

그러나 무슨 이유에서였는지 그는 그 초빙을 수락하지 않았다. 렉섬의 낯설지 않은 풍광과 익숙한 언어가 심리적인 안정을 가져다주었던 것일까? 노도와도 같이 밀려왔던 고민은 렉섬에 머무르는 동안 어느 정도 잠들었던 것으로 보인다. 뉴 칼리지 심의회 의사록을 보면, 당시 토마스는 호전된 자신의 심리 상태와 복학하고자 하는 소원을 학교 측에 알렸던 것 같다.

대학과 고집 센 청년과의 불편한 관계가 어떤 과정으로 호전되었는지 일일이 살펴볼 수는 없지만, 어찌하였든 토마스는 휴학계를 낸 이듬해에 뉴 칼리지로 다음과 같은 편지를 쓰고 있다.

"휴학하는 동안에, 다른 대학에 입학하려는 생각은 전혀 없었으며, 영국 성공회에 들어가려는 생각 역시 추호도 해본 적이 없습니다. 얼마 전에 북부 웨일스에서 사역하러 오라는 청빙을 받았습니다. 뉴 칼리지에 재입학할 결심을 하지 않았다면 그 제의를 받아들였을 것입니다. 저를 학교에 다시 받아 주시는 데 대하여 심의회 여러분께 정말 감사드립니다."

나름대로 소득이 없지는 않았던 방황 끝에 토마스는 세인트존스우드의 거리로 다시 돌아왔다. 그가 뉴 칼리지에 재입학한 데는 그만한 이유가 있었던 것이 분명하다. 교문으로 들어서는 그의 뒷모습에는 오랜 망설임을 접고 선교사의 꿈을 위해 학업을 마치기로 한 꼬장꼬장한 결심이 새겨져 있었다.

"대학교에 들어와 선교사 사역에 대하여 계속 자문(自問)하면서 런던 선교회의 예배에 정기적으로 참석하던 중, 인도자 록하트 박사의 설교로 인하여 굳게 결심을 하게 되었습니다. 함께 기도하자는 레기 씨(Dr. Legge)의 말에 몇 명의 젊은이들과 함께 무릎을 꿇고 기도하였는데, 그 때 저는 도우라는 소명에 대하여 응답을 받았습니다."
_로버트 저메인 토마스

내가 여기 있나이다
나를 보내소서

토마스의 간단없이 흔들리는 마음을 잡아 학교로 돌아오게 하고 완전히 선교사로 헌신하게 한 동기는 과연 무엇이었을까? 그가 결단을 내리는 데에는 여러 사람의 영향력이 작용했다고 할 수 있다.

우선, 당시 잠시 동안 귀국했었던 중국 선교사 록하트Lockhart 박사를 들 수 있다.

1859년 10월, 토마스는 런던 선교회가 인도하는 예배에서 록하트의 설교를 듣고 형언하기 어려울 정도로 벅찬 감동과 은혜를 받았다. 그날 토마스와 몇몇 젊은이들은 무릎을 꿇고 함께 헌신의 기도를 올렸다. 그가 훗날 고백한 대로라면, 그 기도회 때 중국 선교에 대한 소망을 다시 불태우게 된 것이다.

록하트 박사

록하트는 20대 미혼으로 중국에 가서 마카오Macao에 병원을 설립하고 의료 선교를 펼친 인물이다. 그는 그 곳에서 조선에도 다녀갔던 귀츨라프Karl Friedrich August Gützlaff* 선교사의 사촌과 결혼하고 20여 년간을 한결같이 중국 선교에 몸을 바쳤다.

중국 선교 베테랑으로서 그는 초창기 중국 선교사들의 든든한 버팀목이 되어 주었다. 중국 선교의 선구자라 불리는 허드슨 테일러Hudson Taylor* 역시 22세의 나이로 상하이에 도착했을 때 그의 도움을 받았다. 생소한 이국 땅에서 갈 바를 몰라 방황하다가 영사관에서 소개받은 사람이 바로 록하트였다. 그는 허드슨 테일러에게 자기 집에 묵으라고 제안했고, 이후 몇 달간 허드슨 테일러는 록하트의 신세를 졌다.

앞서도 말했지만 록하트는 1858년 잠시 영국으로 돌아왔다. 그리고 다음해 10월에 뉴 칼리지에 설교하러 갔다가 토마스를 만났고, 그 날 밤 기도회에서 토마스의 헌신을 인도했다. 이후로도 록하트는 영국에 있는 동안 토마스와 자주 만나고 서신 교환을 하는 등 서로간의 정의情誼를 굳게 했다. 훗날 토마스가 상하이에서 어려운 처지에 놓였을 때 이 사회에 알린 사람도 바로 그 록하트였다.

귀츨라프 Karl Friedrich August Gützlaff, 1803-1851 독일 출신 선교사로 최초로 한국을 방문한 개신교 선교사로 알려져 있다. 중국 선교의 개척자인 로버트 모리슨(Robert Morrison)의 영향으로 아시아 선교를 지원한 그는 1826년 싱가포르, 타이 등지에서 전도하다가 1831년 중국 톈진(天津)을 거쳐 마카오로 들어갔다. 1832년 상선 로드 애머스트 호를 타고 중국 북해안을 항해하던 중, 충청남도 홍성군 고대도에 상륙하여 인근 주민들에게 성경과 의약품 등을 나누어 주며 전도하려 하였으나 실패하고 감자 심는 법과 포도 재배법을 가르쳐 준 뒤 돌아갔다.

토마스가 선교사로 헌신하기로 결정한 데에는 또 한 사람의 지대한 영향이 있었다. 토마스가 선교사로 허입될 때 추천서를 써주며 격려했던 새뮤얼 마틴Samuel Martin 목사가 바로 그 사람이다.

그는 토마스가 런던에 있는 동안 출석했던 웨스트민스터 교회의 담임 목사였다. 1842년 25세의 나이로 웨스트민스터 교회 최초의 담임 목사가 된 그는 40대 초반이 된 당시 상당한 부흥을 일구어 낸 유능한 목회자였다. 이 웨스트민스터 교회는 훗날 웨일스의 유명한 설교자 마틴 로이드-존스Martyn Lloyd-Jones가 담임했던 교회이기도 하다.

웨스트민스터 교회 근방에는 언제나 빈민들이 우글거렸다. 당시 런던은 한편에서는 산업 혁명의 결과로 호황을 누리고 있었지만, 다른 한편에서는 지방에서 몰려온 젊은이들이 일자리를 찾지 못해 거리의 부랑자로 전락하고 있었다. 새뮤얼 마틴은 안으로는 그들에게 관심을 가지고 봉사하였으며, 밖으로는 복음을 알지 못하는 이방 지역의 선교를 위해 많은 자금을 선교회로 보냈다.

그는 아들이 선교사가 되기를 소망하고 기도하는 경건한 어머니 슬하에서 자랐다. 12살 때 어머니와 사별하고 학교 기숙사생으로 공부하면서 그는 생전의 어머니의 기대를 충족시키고자 노력하였고 대학도 그런 이유에서 진학했다. 그러나 그의 건강은 그리 좋은 편이 아니었다.

허드슨 테일러

허드슨 테일러 J. Hudson Taylor, 1832-1905 중국 내지 선교회(China Inland Mission)를 창설한 영국 프로테스탄트 선교사이다. 1854년 중국 복음 전도 협회로부터 중국 상하이(上海)에 파송되어 장쑤(江蘇), 저장(浙江), 광둥(廣東) 등지에서 전도 활동을 하였다. 1860년 귀국하여 중국 프로테스탄트 전도의 위기를 호소하고 비종파적, 국제적 입장을 표방하는 새로운 전도회인 중국 내지 선교회를 창립하였으며, 1866년 다시 중국으로 가서 이후 생을 마칠 때까지 중국 복음화에 헌신하였다. 1868년 양저우(揚州)에서 박해를 받기도 했으나, 여러 후원 단체의 적극적인 참여로 중국 최대의 선교 단체로서 원활하게 선교 사업을 수행했다.

새뮤얼 마틴 목사

　오랜 꿈대로 20대 초반에 인도 선교사로 지원했지만 건강 문제로 선교회로부터 거절을 당했고, 그 때부터 목회를 시작하게 된다. 그는 마음 한구석에서 항상 선교사로 파송되지 못한 것을 못내 아쉬워하였다. 복음에 빚진 마음이었을까? 그는 목회 활동을 하면서도 최선을 다하여 선교사들을 후원하였으며, 설교 중에도 선교에 대해 강조하기를 멈추지 않았다.

　토마스는 또한 그를 둘러싼 많은 친구들로부터 영향을 받았다. 의기투합하는 벗이 적지 않았던 토마스는 중요한 기로에 설 때마다 그들에게 털어놓고 상의하였다. 대학 입학 전 외과의사 수련의를 사임하고 온들에 교사로 부임할 때도 그는 친구들의 의견에 귀를 기울였었다.
　친우들 가운데는 토마스와 같이 이방 선교에 대한 소명 의식에 불타는 사람들이 있었다. 그 즈음에 토마스가 학교 앞으로 보낸 편지 중에 이런 글이 있다.

　"제 동료 카마이클 J. R. Carmichael이 금년에 의료 선교사로 출국하였습니다. 저는 4개월간의 항해를 그와 함께하기를 몹시 원했었습니다. 우리는 매우 절친한 사이이며, 저는 병에 걸리기 쉬운 지역인 광동廣東에서 펼쳐질 그의 의료 기술을 매우 신뢰하고 있습니다."

　토마스와 한 살 차이 나는 동문 카마이클은 런던에서 병원을 개원했다가 런던 선교회를 통해서 광둥의 의료 선교사로 임명을 받았다. 그는 1862년 광둥에 도착한 이래 의료 사역을 하다가 즈푸芝罘로 옮겨서 일반 병원을 개원하였다.

또 다른 친구 로버트 윌슨Robert Wilson은 마찬가지로 뉴 칼리지 동문이었는데, 4학년 때 학교의 허락을 받고 중국 선교사로 파송되었다. 1860년 상하이上海에 도착하였던 그는 1863년 8월 항저우杭州에서 사망했다.

이렇게 몇 년 앞서 선교사로, 그것도 머나먼 동양 선교사로 파송된 친구들이 그렇지 않아도 선교의 열정을 갖고 있던 토마스에게 어떤 영향을 끼쳤을지 상상이 된다. 토마스의 첫 선교 사역지가 중국이었던 것을 보아도 그것을 능히 짐작할 수 있다.

Note

웨스트민스터 교회의 역사

웨스트민스터 교회

1840년경 웨스트민스터 교회가 세워진 지역은 상대적으로 낙후된 지역으로 불결한 빈민가였다. 그 지역의 열악한 환경은 세월이 흐르면서 점차 호전되고 있으며, 버킹엄 궁전이나 웨스트민스터 대성당과 같은 역사적인 건축물들로 수많은 관광객들이 유치되고 있다.

그 지역에서 좀더 강력한 복음 증거를 하고자 했던 회중 교회 지도자들의 염원에 따라 1841년 5월에 세워진 웨스트민스터 교회는 당시 1,500석의 규모에 교인수가 22명밖에 되지 않는 교회였다. 그러나 초대 목회자 새뮤얼 마틴의 성공적인 목회로 1860년 교회는 증축 공사를 하게 되었다. 그리하여 1865년 완공된 건물이

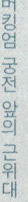

버킹엄 궁전 앞의 근위대

웨스트민스터 대성당

현재의 2500석 규모를 자랑하는 웨스트민스터 교회 건물이다. 이 교회에서는 영국 교계에 크게 영향을 끼친 목회자들이 많이 배출되었는데, 대표적 인물로는 초대 목회자인 새뮤얼 마틴, 캠벨 모건, 마틴 로이드-존스, 켄달 등을 들 수 있다.

역대 담임 목사

1842–1878	새뮤얼 마틴 Samuel Martin	
1876–1887	헨리 사이먼 Henry Simon	
1887–1894	전임 목회자 공석	
1894–1895	에번스 헌달 W. Evans Hurndall	
1896–1902	리처드 웨스트로프 Richard Westrope	
1902–1904	전임 목회자 공석	

마틴 로이드-존스

1904–1917	캠벨 모건 G. Campbell Morgan	
1904–1907	앨버트 스위프트 Albert Swift 캠벨 모건과 공동 사역	
1918–1922	조웻 J. H. Jowett	
1923–1925	존 허튼 John Hutton	
1926–1927	전임 목회자 공석	
1928–1933	허버트 심슨 Hubert L. Simpson	
1933–1943	캠벨 모건 G. Campbell Morgan	

캠벨 모건

1년간은 심슨 목사와 협동 목사

1939–1968　마틴 로이드-존스 Martyn Lloyd-Jones

1943년까지는 모건 목사와 협동 목사

1969–1974	글린 오웬 J. Glyn Owen	
1974–1976	전임 목회자 공석	

켄달

1977–2002　켄달 R. T. Kendall
2002–현재　그레그 해슬럼 Greg Haslam

> "선교사의 자질은 첫째 좋은 교육, 둘째 건강한 체력, 셋째 언어 능력이라고 생각합니다. 저의 희망은 무엇보다도 자신을 부인하는 정신으로 사역하고 싶다는 것입니다. 3년 전에 헌신한 이후로 신중하고 진지하게 기도해 왔으며, 이방인의 개종으로 우상 숭배가 몰락하는 선교 사역을 진지하게 갈망하는 선교사가 될 것입니다."
>
> _ 로버트 저메인 토마스

역사를 준비하는 젊은이

    토마스는 짧은 뒤안길을 돌아 다시 학교로 돌아왔다. 인생의 목표가 분명해진 이상 더 이상 망설일 필요가 없었다.

    그는 일생 동안 사역자가 되기를 원했다. 또한 헌신된 사역자가 되기를 원했다. 그렇게 평생 자신을 드려서 헌신하기에는 선교사가 적합하다는 확신이 그의 마음속에서 굳건해져 갔다. 그는 더 나아가서 선교사로서의 자질을 모두 갖추고 싶어했다. 담임 목회를 포기하면서까지 선교사의 길로 가기로 결단한 토마스는 그 때부터 자신에게 주어진 역사를 스스로 준비하기 시작했다.

    1860년 중국 청나라와 영국, 프랑스, 러시아 사이에 베이징 조약*이 맺어졌다. 이 조약을 통하여 중국은 문호를 개방하고 선교 활동과 교회 건립을 인정하게 되었다. 마치 준비한 듯 중국 선교의 문이 열리게 되었다는 소식을 들으면서 토마스는 미래를 위한 준비에 더욱 박차를 가하게 된다.

토마스가 런던에서 하숙했던 집

그는 언어에 특별한 재능이 있는 젊은이였다. 물론 이 재능은 결코 우연히 얻은 것이 아니었다. 거기에는 셀 수 없이 많은 밤을 지새우는 각고의 노력이 있었다. 토마스는 이미 가정에서부터 웨일스어와 영어를 함께 사용해 왔다.

또한 슬란도버리 칼리지에 입학하면서부터 라틴어와 헬라어를 배웠다. 기록에 의하면, 어린 시절부터 오거스타 웨딩턴 부인의 후원을 받으며 여러 나라의 언어를 공부했던 그는 이미 22살의 나이에 프랑스어, 독일어, 포르투갈어, 스페인어, 이탈리아어, 러시아어를 말하고 쓸 줄 알았다.

미루어 보건대, 그는 이미 선교사로 떠나기 이전에 10여 개국의 언어를 구사할 수 있었다. '과연 그가 그 많은

베이징北京 조약 1860년 청나라가 베이징(北京)에서 영국, 프랑스, 러시아 3국과 개별적으로 체결한 3개 조약을 가리킨다. 청-영국, 청-프랑스 간의 조약은 제2차 아편 전쟁 후 맺은 톈진(天津) 조약을 보충, 수정한 것이다. 여기서 청은 배상금 지불, 톈진 개항, 중국인 근로자 모집과 도항을 승인했고, 영국에게 주룽(九龍)을 할양하고, 프랑스에게 몰수한 가톨릭 재산을 반환하기로 했다. 청-러시아 조약은 영국, 프랑스와의 강화를 러시아가 주선했다는 이유로 일부 영토의 할양, 자유 교역 등 러시아의 요구를 받아들인 것이다. 이 조약을 계기로 청나라에서는 보수배외파가 물러나고 대외화친파가 득세하게 되었다.

그리피스 존

언어에 능통했을까?' 하는 의문이 드는 것은 사실이다. 그러나 동역자였던 그리피스 존Griffith John* 선교사의 이야기를 들어보면, 그의 언어 실력을 쉽게 알 수 있다.

"지금까지 어학에 재능이 있는 사람들을 많이 만나 보았지만 토마스 선교사처럼 뛰어난 사람은 생전 처음 보았습니다. 그는 러시아어도 상당히 하는 것 같았습니다. 그가 1864년 봄에 항저우를 방문했을 때 함께 러시아 상인을 만나러 간 적이 있는데, 놀랍게도 그는 한참 동안이나 러시아어로 대화를 나누었습니다. 그 러시아 상인은 '토마스 선교사는 한 음절밖에 실수한 것이 없다. 그 부분은 러시아 본토 사람 말고는 누구나 실수하는 부분이다.'라고 하며 감탄하였습니다."

토마스가 영국인에게 가장 어려운 언어 가운데 하나인 러시아어를 그 정도로 잘했다면 다른 언어에 대해서는 더 말할 필요가 없을 것이다.

그리피스 존 Griffith John, 1831-1912   영국 웨일스 스완지 출신의 선교사이다. 14세 때 설교를 하기 시작하여 주위의 이목을 끌었고 대학 교육을 받은 후 선교사 수업을 받다가 런던 선교회를 통해 1855년 중국으로 파송되었다. 1861년까지 상하이(上海)에서 선교 활동을 하고 1862년 중국 내륙 한커우(漢口)로 이주하여 중국 내륙에서는 최초의 프로테스탄트 교회 선교사가 되었다. 생전에 그가 한커우에 찾아왔던 웨일스 선교사 토마스와 만나 착실하게 선교 활동을 할 수 있도록 충고하고 제너럴셔먼 호를 타고 조선으로 갈 때 여러 가지로 조언해 준 일도 있다는 면에서 그 역시 조선 선교와 무관하다고 할 수 없는 인물이다.

토마스는 거기서 멈추지 않았다. 이제는 자신이 정작 가고자 하는 나라, 중국의 문자와 말을 배우기 시작했다. 런던에서 그에게 중국어를 가르쳤던 사람은 와일리Alexander Wylie* 선교사였다.

하모니엄

그는 토마스가 선교사로 나간 후에 중국 상하이에서 만나 함께 지내기도 했던 사람이다.

토마스는 중국어 공부에 심혈을 기울였다. 그가 중국에 가기 전에 물건을 산 영수증을 보면 『중국어 문법』 책을 샀다는 내역이 있는데, 그 책의 저자 조셉 에드킨스Joseph Edkins와는 훗날 중국에서 함께 사역하는 사이가 된다.

토마스는 또한 당시의 선교사들에게 요긴한 악기였던 하모니엄harmonium을 배웠다. 하모니엄은 오른손으로 건반을 누르고 왼손으로는 바람을 집어넣는 간단한 손풍금 모양으로 생겼는데, 일종의 오르간 대용으로 사용되던 악기였다. 주로 가정이나 학교, 교회 등 국한된 장소에서 반주하는 데 사용된 이 악기는 선교지에서 예배드릴 때 혹은 성

알렉산더 와일리 Alexander Wylie, 1815 – 1887　영국 잉글랜드 런던 출신의 선교사이다. 런던 선교회 소속으로 중국 선교사가 되어 1847년 상하이로 건너가 인쇄업계에서 일하면서 선교 활동을 벌였다. 중국인 리산란(李善蘭)과 협력하여 영미의 과학 서적들을 번역하였다. 알려지기로는 'algebra'를 '대수'(代數)라고 처음 번역한 것도 그로서 그가 1853년에 쓴 『산학계몽』(算學啓蒙)의 서문 가운데 처음 나온다. 중국학 학자로도 이름이 있는데, 이 분야의 논문집에 『중국 탐구』가 있다. 그러나 무엇보다 그의 이름을 불후의 것으로 만든 것은 『한적해제』(漢籍解題)의 편집, 간행이었다.

옛 사진사

도들과 함께 찬양할 때 오케스트라 못지않은 역할을 했다.

토마스는 영국에서 사용하던 하모니엄을 나중에 중국 선교지까지 가지고 갔다. 애지중지하던 이 악기와 관련해 부모님에게 이런 편지를 남기기도 했다.

"제 하모니엄이 거실에 훌륭한 장식품이 되고 있습니다.", "어제 주일 영국인 예배에 많은 성도들이 참석했습니다. 설교도 하고 하모니엄 연주도 했더니 상당히 피곤합니다."

하모니엄 연주법 말고도 그는 선교사에게 유용한 사진 기술을 습득했다. 당시에는 아직 낯설고 신기해 보이는 사진을 일반인이 접근할 수 없는 계층에 복음을 전하는 도구로 활용할 생각을 했던 것 같다. 사진에 대한 조예는 상당히 깊어져서 나중에 베이징에서는 아마추어 사진 작가라고 불릴 정도였다.

한편 그는 거르지 않고 운동을 하는 등 체력 관리에도 신경을 썼다. 그가 선교사로 헌신하는 데 일조했던 웨스트민스터 교회 새뮤얼 마틴 목사가 과거에 건강 문제로 선교사를 포기했었음을 너무나 잘 기억하고 있던 탓이었다.

역사는 준비하는 사람이 세운다. 역사를 준비하지 않는 사람이 역사 앞에 설 수는 없는 노릇이다. 집요하다면 집요하달 만큼 토마스는 자기의 미래를 치밀하게 준비하였다. 아직은 완숙미 덜한 젊은이인데도 불구하고 그로 하여금 일생의 가장 중요한 순간을 아낌없이 투자하게 만든 원동력이 무엇이었을까? 윤택한 삶을 영위할 수 있는 자격을 갖춘 신사를 고난이 눈에 보이는 이방 세계로 불러들인 섭리는 얼마나 크고도 위대한 힘을 가지고 있었던 것일까?

Note

19세기의 사진의 기술

사진寫眞이란 빛을 매체로 해서 물체의 형상을 감광성 재료 위에 기록하는 기술 또는 이렇게 하여 얻은 화상畵像을 가리킨다. 보통 렌즈가 달린 카메라에 감광성 재료로 만든 필름을 넣고 빛이 있는 곳에서 피사체를 촬영하고 현상함으로써 사진 화상을 얻는다.

은판 사진술을 발명한 다게르

사진의 역사는 다게르 L. J. M. Daguerre, 1787–1851에 의해 발명된 은판銀版 사진이 1839년 프랑스 과학 아카데미에서 정식으로 발명품으로 인정받은 후 시작되었다고 할 수 있다. 초창기의 풍경 사진에서 발전하여 19세기 전반에는 초상 사진이 유행하였는데, 이는 종이 인화법에 이어 값싸고 선명한 습판 사진술이 아처 Frederick Scott Archer, 1813–1857에 의해 발명되면서 사진 표현상 큰 변화를 가져왔기 때문이었다. 초상 사진에 대한 수요는 점점 더 증가하여 하나의 유행처럼

은판 사진기

되었으며 이런 현상은 1850년대에 그 정점에 이르렀다.

한국에는 1871년 신미양요辛未洋擾 때 사진에 대한 개념이 들어왔으나 실질적인 한국 사진사는 1880년대의 초상 사진 시대로부터 시작된다. 당시 사진의 대상은 대체로 가솔이나 유명 인사에 한정되어 있었다. 이것은 사진 기재의 값이 비쌌고, 사회적 관습 등으로 자유롭게 사진을 찍을 수가 없었기 때문이다. 토마스 선교사 당시의 중국도 마찬가지였을 것이고, 토마스는 이런 점을 활용해 다양한 계층에 접근할 방편으로 사진술을 생각했으리라 추측된다.

은판 사진기로 찍은 사진

습판 사진술을 발명한 아처

1851년도에 발명된 습판 사진기

> "선교사의 보편적인 자질로는 신중해야 하며, 자기를 희생할 줄 알아야 하고, 타고난 불굴의 인내가 있어야 합니다. 교회 안에서는 예수 믿지 않는 사람들의 어리석고 배우지 않은 질문에 대하여 피해야 합니다. 그리고 모든 것을 주의하고, 고통들을 이겨내며, 복음 전도자의 사명을 다해야 한다고 생각합니다."
>
> _ 로버트 저메인 토마스

내 사랑,
그 산기슭에 함께 누울 때까지

토마스의 다사다난했던 수업 시대는 드디어 끝이 났다. 자타가 공인하는 학구적인 학생이었던 그는 전공 과목에서 매우 우수한 성적을 받아 졸업 시험을 통과하였다. 이사회는 토마스에게 졸업장을 수여함과 동시에 그의 학적부에 아래와 같은 글을 남겨 주었다.

"이사회는 토마스의 올바른 도덕성, 신앙적 성품과 힘있게, 열정적으로, 효과 있게 복음을 전하는 뛰어난 재능을 확인하게 된 것을 기쁘게 생각합니다" 학장 새뮤얼 뉴스.

지난 6년은 토마스에게 결코 쉬운 시간이 아니었다. 목회자가 될지 선교사가 될지 확신이 서지 않아서 학교를 휴학하기도 했고, 선교에 대한 비전을 가진 후에는 빨리 선교사가 되고 싶은 마음에 조기 졸업

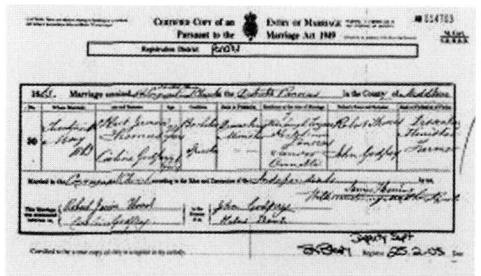

토마스 부부의 결혼 증명서

을 신청하기도 했다. 그러나 방황과 우회의 시간이 지나고 자기 준비가 필요하다는 사실을 절감한 그는 다시 마음을 잡고 공부에 열중하였다. 그리고 이제 영예로운 졸업을 맞이하게 된 것이다.

영국의 학위 수여식은 작고 향기로운 영국 장미가 만발하는 6월에 치러진다. 그러나 힘들게 성취한 졸업을 앞두고 토마스는 그를 더욱 격앙시킬 만한 일생일대의 중요한 과정을 치르게 된다. 그야말로 이중으로 새 인생의 출발선에 서게 된 셈이었는데, 졸업 직전 인생의 반려를 맞이하였던 것이다. 그의 아리따운 신부는 오래전 온들에서 교사 생활을 할 때 만났던 캐롤라인 고드프리, 바로 그녀였다.

고드프리 가의 숙녀, 캐롤라인이 정말로 민요에 나오는 푸른 옷소매 아가씨같이 토마스의 마음을 첫눈에 사로잡았었는지는 알 길이 없다. 그러나 옛 왕가의 전설이 남아 있는 낭만적인 고장에서 태어난 그녀가 패기 넘치면서도

결혼식을 주관했던 플레밍 목사

지적인 토마스에게 처음 본 순간부터 끌렸던 것은 있을 수 있는 일이었다.

토마스가 1년간의 교사 생활을 마치고 고향으로 돌아오면서부터 두 사람의 교제는 시작되었다. 토마스는 본래 달필이었다. 그의 소박하면서도 진심이 깃든 편지들은 온순한 캐롤라인의 마음을 더욱 그에게 기울게 했다. 그는 끊임없이 애정이 넘치는 서신을 띄웠으며, 런던 뉴 칼리지 재학 시절에는 런던에 거주하던 캐롤라인의 큰 오빠 존 고드프리의 집 근처에다 하숙을 얻기도 했다. 나중에 캐롤라인이 오빠의 집에 머물게 되면서 보다 자연스럽고 친밀하게 교제를 했고 어느덧 두 사람은 결혼을 약속하게 되었다.

결혼식은 런던 켄티시타운의 교회에서 올리기로 했다. 본래 토마스가 출석하던 웨스트민스터 교회에서 새뮤얼 마틴 목사의 주례 하에 예식을 올리고자 했으나 공교롭게도 당시 웨스트민스터 교회는 증축 중이었다. 늘어난 교인들을 감당하기 위하여 1863년 초부터 공사를 시작한 상태였던 것이다.

그래서 토마스는 종종 다녔던 켄티시타운 교회를 결혼식장으로 골랐고, 드디어 1863년 5월 29일 플레밍James Fleming 목사의 주례로 결혼식을 올렸다.

절차에 의하면 부부가 될 두 남녀는 예식 도중에 결혼

증명서에 서명을 해야 했다. 토마스 부부의 결혼 증명서는 지금도 남아 있는데, 연령란을 보면 토마스 24세, 캐롤라인 26세로 기록되어 있다. 이 때 캐롤라인의 나이는 사실 토마스보다 5살 많은 29세였으나 부부의 나이를 대략 맞추는 것이 보편적이었던 당시 풍습에 따랐던 것 같다.

토마스와 캐롤라인이 결혼식을 올렸던 켄티시타운 교회

고드프리 가의 금지옥엽 외동딸 캐롤라인 고드프리가 로버트 저메인 토마스의 아내, 캐롤라인 토마스가 되는 순간이었다. 갓 소년기를 벗어난 때에 동경의 눈으로 바라보았던 아가씨를 실제로 아내로 맞이하게 된 토마스의 감회가 어떠했을지 보지 않고도 머리 속에 그려진다.

무구한 서민들의 언어로 아름답게 노래했던 국민 시인, 로버트 번스 Robert Burns*는 부부의 순전한 사랑을 다음과 같은 시로 남기고 있다.

존 앤더슨 내 사랑 존
우리 맨 처음 알게 되었을 적
당신의 머리칼은 갈가마귀 같았고
당신의 아름다운 이마는 매끈했죠
하지만 지금 당신의 머리는 벗겨졌고
당신의 머리칼은 흡사 눈과 같아요
그러나 당신의 서리 내린 머리에 축복이 내리길
존 앤더슨 내 사랑

존 앤더슨 내 사랑 존

우리는 함께 산을 올랐고

수많은 즐거운 날들을

함께 나누었죠

이제 우리는 내려가야 해요

손을 꼭 잡고서 우리 같이 갑시다

그리고 산기슭에서 함께 자요

존 앤더슨 내 사랑

맹세하는 두 사람의 눈과 마음속에도 해로했던 부부의 그 순박한 노래가 울려 퍼지지 않았을까?

결혼식을 올린 지 일주일도 되지 않아서 토마스는 목사 안수와 선교사 파송을 위한 예배를 올리게 된다. 1863년 6월 4일 목요일, 웨일스 하노버 교회 회랑은 그 고장에서 자란 토마스 목사의 둘째 아들, 로버트 저메인 토마스의 파송 예배에 참석하고자 하는 친지와 주민들로 가득했다.

예배의 사회는 애버게니의 번 H. J. Bunn 목사가 보았고, 다른 7명의 목회자들이 차례로 순서를 맡았다. 그 가운데는 아버지 로버트 토마스 목

로버트 번스

로버트 번스 Robert Burns, 1759–1796 지금까지도 스코틀랜드의 국민 시인으로 사랑과 존경을 받는 대표적인 낭만주의 영시 작가이다. 일찍부터 부친을 따라 각지의 농장을 전전하면서 옛 시와 가요를 익혔고, 스코틀랜드 방언으로 자신의 사랑과 시골 생활을 솔직 담백하게 노래하였다. 1786년, 초기 자작시들을 모은 『스코틀랜드 사투리로 쓴 시집』을 간행하여 천재 시인이라는 명성을 얻었으며, 한때 에든버러(Edinburgh)에서 문단 생활을 하기도 했다. 그의 시는 18세기 영국의 고전 취미에서 벗어나 스코틀랜드 서민의 소박하고 순수한 감정을 표현한 점에 특징이 있다. 지금도 애창되는 유명한 이별가 '올드 랭 사인'(Auld Lang Syne) 역시 그가 1788년에 쓴 노래이다.

사도 포함되어 있었다. 교회에 모인 모든 이들은 엄숙한 예식에 감격하며 신실한 하나님의 종으로서 먼 이국 땅 선교지로 떠나는 이들 부부를 위해 기도했다.

이로부터 약 한 달 후인 6월 30일, 런던의 웨스트민스터 교회 역시 토마스 목사 내외가 중국 선교사로 떠나게 되었음을 광고하면서 그 앞길에 하나님의 은혜와 보호가 함께하시기를 축복하였다.

토마스 부부의 신혼집

PART 3

산이 푸르니, 더 타는 듯 붉은

목단화

안개 낀 그레이브젠드 항구에 서서 | 산이 푸르니 더 타는 듯 붉은 꽃, 상하이 | 때 아닌 서리가 꽃을 떨어뜨리고 | 사무친 그리움을 딛고 서다 | 삐걱거리는 수레바퀴 | 런던 선교회의 울타리를 벗어나 | 먼저 가서 형제와 화목하고

두보(杜甫, 712-770)는 예로부터 시성(詩聖)으로 불렸던 중국 최고의 시인이다. '다른 사람을 감탄시키지 못하면 죽어도 편치 못하겠다.'(人不驚 死不體)고 할 정도로 한 자 한 구절을 신중하게 다듬었던 그는 음운의 묘미가 살아 있는 걸출한 절구(絶句)들을 다수 남기고 있다. 아래의 오언절구는 764년 두보가 52세 되던 해 봄에 지은 것으로 뛰어난 대구의 솜씨를 보여주는 걸작이다.

江碧鳥逾白　　강물이 푸르니 새가 더욱 희어 보이고
山靑花欲然　　산이 푸르니 꽃이 더 타는 듯 붉네
今春看又過　　금년 봄도 객지에서 보낼 것인지
何日是歸年　　언제나 고향에 돌아가리오

> "제가 중국을 선택한 이유는 분명합니다. 물론 학교의 권위 있는 분들로부터 제게 중국 사역이 적합하다는 말씀도 들었지만, 무엇보다도 중국에 대한 소명이 다른 어느 나라의 경우보다 저에게는 크게 들리기 때문입니다."
> _로버트 저메인 토마스

안개 낀 그레이브젠드
항구에 서서

    1863년 7월 21일, 오랫동안 기다리던 시간이 왔다. 결혼식 이후 두 달 사이에 모든 준비를 마무리한 토마스 부부가 드디어 중국행 배를 타게 되었던 것이다.

    전날 저녁에는 웨스트민스터 교회에서 토마스 내외를 위한 송별 파티가 열렸다. 담임 목사 새뮤얼 마틴은 감격 어린 눈빛으로 신혼의 젊은 부부를 바라보았다. 한없이 선량한 성품이 그대로 비치는 그의 눈은 젊은 날 선교사의 꿈을 건강 문제로 접어야 했던 아쉬움의 기억과 선교사가 되지는 못했지만 차선으로 택했던 목회의 길에서 선교사 한 사람을 키워 내기는 했다는 감회가 서로 교차하는 듯 떨리고 있었다. 그는 미리 예비하시고 인도하시는 주님의 은혜에 감사드리며 교회 중진들과 함께 부부에게 선물을 증정했다. 그것은 여행 중에도 사용할 수 있는 작은 책상이었다. 정교하게 만들어진 그 여행용 책상에는 이런 문구가 새겨져 있었다.

로버트 저메인 목사에게 드리는 선물

중국 선교사로 떠나시는 길에

웨스트민스터 교회 목사와 24명의 교우가 드림.

1863년 7월 20일

하나님의 은혜와 보호가 함께하시기를.

6년에 걸친 런던 생활은 토마스에게 많은 것을 가르쳐 주었다. 18세기 후반 본격적으로 시작된 산업 혁명으로 당시 영국은 이미 근대 사회로 접어들고 있었다. 산업의 발달은 수송 수단의 혁신을 불러왔고 농기구 등의 개량은 작물 생산량을 증가시켜 인구의 증가를 가져왔다. 도시들은 급속한 경제 성장을 이루었고 도시의 노동자 인구도 가중되었다. 1851년 런던에서 개최된 만국 박람회 안내 책자에서는 런던을 이렇게 소개하고 있다.

"런던은 세계의 도시들 가운데 인구가 가장 많을 뿐 아니라 가장 크고 부유한 도시이다."

이 말은 결코 과장된 표현이 아니었다. 당시 런던의 인구는 3백만 명을 헤아렸고, 1861년에는 런던 거리에 말이 끄는 전차가 등장하였으

며, 1863년 토마스가 런던을 떠날 무렵에는 이미 세계 최초로 지하철*
이 운행되고 있었다.

토마스는 이렇게 과학 문명이 번성한 대영 제국의 심장에서 교육을
받은 엘리트였다.

당시 프로테스탄트 교회는 가는 곳마다 부흥하고 있었다. 반 가톨릭
사상이 지배하는 영국에서 특히 비국교도가 중심이 된 교회들이 부흥
을 주도하고 있었다. 이미 21세의 나이에 담임 목사로 청빙을 받은 토
마스는 영국에서도 할 일이 많은 사람이었다. 그러나 그는 열정적으로
선교사가 되기를 소망했다. 그가 선교사로 헌신하면서 남긴 글을 보면
다음과 같은 내용이 있다.

"저의 희망은 무엇보다도 자신을 부인하는 정신으로 사역하고 싶다는
것입니다. 3년 전에 헌신한 이후로 신중하고 진지하게 기도해 왔으며,
이방인의 개종으로 우상 숭배가 몰락하는 선교 사역을 진지하게 갈망
하는 선교사가 될 것입니다."

7월 21일, 토마스 부부는 신접 살림을 차렸던 런던을 떠나 30킬로미

1863년 개통된 런던 지하철

세계 최초의 지하철 최초의 지하 철도는 1863년 1월 10일 영국 런던에서 개통된 증기 기관차이다. 이는 1843년 템스 강 터널 개통 직후 런던 시의 사무 변호사 찰스 피어슨(Charles Pearson)이 도시 개량 계획으로 제안한 결과였다. 피어슨의 제안 이후 10여 년이나 검토한 후에야 의회는 런던 패링턴가(街)와 비숍로(路) 사이에 6킬로미터의 지하철을 건설하도록 승인했고, 실질적인 건설 작업은 1860년에 컷앤드커버(cut-and-cover) 방식으로 시작되었다. 이는 도로를 따라 도랑을 파고 벽돌로 측벽을 쌓은 후 대들보 또는 벽돌 아치를 얹어 지붕으로 삼고 그 위의 도로를 복원하는 방식이었다.

그레이브젠드 항

터 떨어진 그레이브젠드Gravesend 항으로 갔다. 항구에는 중국 땅에서 함께 사역할 이들이 모여 있었다. 토마스 내외를 포함해서 그 날 같이 중국으로 가는 선교사는 모두 8명이었다.

스코틀랜드 출신의 알렉산더 윌리엄슨Alexander Williamson[*]과 그의 아내 이사벨라Isabella는 이미 중국에서 사역한 경험이 있었다. 건강이 나빠져 중국을 떠났다가 6년 만에 다시 스코틀랜드 성서공회 소속으로 중국으로 가는 길이었던 그들 내외는 훗날 토마스가 조선으로 선교 여행을 가는 데 많은 도움을 주게 된다.

출국 당시 27세였던 제임스 윌리엄슨James Williamson은 알렉산더 윌리엄슨의 남동생으로서 에든버러 대학교에서 신학을 공부하고 톈진에서 사역하고자 런던 선교회 소속으로 떠나는 길이었다. 동반한 그의 아내 메리Mary는 당시 34세로 그보다 7살 연상이었다.

에든버러 의대를 졸업한 26세의 존 더전John Dudgeon은 24세의 젊은 아내와 함께 승선했다. 존 더전은 런던 선교회와 의료 선교회의 협력하에 파송된 인물로 베이징의 병원에서 사역하기로 되어 있었다.

지성으로 무장하고 믿음으로 심지를 굳게 한 8명의 선교사는 드디어

알렉산더 윌리엄슨 Alexander Williamson, 1829 – 1890   스코틀랜드 출신의 영국 선교사이다. 글래스고에서 교육을 받고 런던 선교회를 통해 1855년 중국에 파송되어 상하이를 중심으로 활동하였다. 2년 후 건강이 나빠져 스코틀랜드로 돌아갔다가 1863년 스코틀랜드 성서공회 총무 자격으로 다시 중국에 부임하였고, 산동 성(山東省) 즈푸에 본부를 두고 중국 내륙 지방에까지 선교 활동을 펼쳤다. 조선 천주교인들로부터 조선의 교회 박해 상황을 듣고 친분이 있던 토마스 선교사에게 조선 선교에 나서도록 격려하였다. 토마스가 순교한 후 그의 소식을 듣기 위해 만주로 가서 한국인들과의 접촉을 꾀하고 전도 활동을 벌였으며, 동지사 이풍익(李豊翼)을 만나 한국에 관한 여러 정보를 얻은 후 관련 책을 집필하기도 하였다.

폴메이스 호에 올랐다. 부푼 꿈을 안고
장래를 그리던 그들은 자신들 모두가
낯선 이국 땅에서 생을 마치게 될 줄 상
상이나 했을까? 아니면 애초에 아무도
알아주지 않는 순교라 할지라도 선교
를 위해서라면 불사할 각오를 가지고 있었던 것일까?

폴메이스 호

알렉산더 윌리엄슨은 1890년 즈푸에서, 존 더전은 1901
년 베이징에서 죽었다. 그리고 토마스 역시 조선 땅 대동
강변에서 죽음을 맞이하게 된다.

그러나 북구의 섬나라답게 축축하고 음습한 그레이브
젠드 항구에서 중국으로 가는 긴 여행을 시작한 이 젊은
이들의 얼굴은 아무도 경험하지 못한 영광을 경험할 수
있으리라는 기대로 충만했다. 음울한 날씨가 그들의 출항
을 막지 못하듯이 알지 못하는 나라의 핍박과 몰이해도
그들을 저지하지 못하리라 믿는 듯이…….

Note

런던 만국 박람회장, 수정궁의 외관

런던 만국 박람회

박람회는 공업, 상업, 농업, 수산업 등 제반 산업과 기예, 학술 등 문화 전반에 걸친 활동과 성과를 전시와 실연을 통하여 일반인에게 보이고 알리는 모임을 가리킨다.

근대적인 박람회의 효시라고 할 수 있는 런던 만국 박람회는 1851년, 인류가 19세기에 이룩한 진보를 과시하기 위하여 개최된 것이었다. 조셉 팩스턴Joseph Paxton의 설계로 축조된 '수정궁'에는 전 세계로부터 출품된 전시품이 집결되어 있었다. 그곳에 전시된 수많은 생산품과 모형은 인류가 이룩한 노력의 결정이었으며 뻗어가는 공업 기술과 끝간데를 모르는 상상력의 소산이었다.

개회 첫날인 5월 1일에는 당시 '세계의 불가사의한 집'이라고 불렸던 그 웅장한 유리 건물을 보려고 50만 명 이상의 관람객이 몰려들었다. 그 이전 수개월 동안이나 런던은 박람회 이야기로 들떠 있었다. 런던 시민들은 자기들이 세계 최초의 국제 전시회 주최자이며 전람회의 고매한 이상에 대한 기여자임을 자랑으로 여기고 있었다. 그들이 박람회 못지않게 마음이 끌리고 있었던 것은 30만 장의 유리가 사용된 전시회장 건물이었다. 이미 공장에서 생산된 철골과 판유리를 조립하여 세우는 건축 공법은 당시로서는 파격적인 것이었다. 첨단의 조립 공법으로 불과 6개월 만에 세워진 이 건물을 두고 어떤 해학가는 다음과 같이 기록하고 있다. "다음 세대의

런던 어린이가 온실 속의 오이처럼 키워지지 않는다면 우리들은 실망할 테지."

건물 안에 진열된 숱한 진기한 제품도 화제가 되었다. 인쇄기와 소금절이 돼지고기가 있는가 하면 기관차도 있었고 시간이 되면 자고 있는 사람을 침대에서 내던져 목욕통에 집어넣는 침대도 있었다. 프랑스의 향수, 갑주를 입은 기사 모양으로 생긴 프러시아의 난로, 인디언의 민예품, 인도의 코끼리 장신구, 튀니지 유목민의 텐트 등 '만국 박람'에 걸맞는 전시회였다. 요컨대 품위 있는 빅토리아 여왕 시대의 사람들이 인간 재능의 최고 산물이라고 믿고 있었던 모든 것들이 진열되어 있었다.

수정궁 내부

박람회장의 인도 코끼리 장신구

STORY 17

"토마스 선교사는 대단히 능숙하게 중국어를 습득해 가고 있으며, 그를 만나는 중국인 모두에게 상대방을 배려하는 매너로 기쁨을 주고 나아가 존경을 받고 있습니다."
_ 런던 선교회 상하이 지부장 뮤어헤드의 보고서 중에서

산이 푸르니 더 타는 듯 붉은 꽃,

상하이

영국 그레이브젠드 항을 떠난 범선 폴메이스 호는 4개월 반의 긴 항해 끝에 1863년 12월 첫 주, 상하이에 도착하였다. 토마스 부부는 그 곳에서 하선하였다. 함께 여행한 8명의 선교사들 가운데 제일 먼저 선교지에 도착한 것이었다. 중국에서 가장 긴 강인 양쯔揚子 강 하구에 위치한 상하이는 당시에도 가히 국제 도시라 할 만큼 번화한 도시였다. 13세기 중엽부터 무역항 역할을 했지만, 19세기 중반 서구 열강들에 의해 개항하면서 더욱 급속히 발전하고 있는 와중이었다.

1842년 아편 전쟁*에서 중국이 영국에 패하고 체결한 난징南京 조약에 의해 상하이가 개항장이 된 이래로, 영국, 프랑스, 미국 등 열강들은 이 도시의 특정 지역을 나누어 점유하고 그 지역 안에서 면책과 특권을 인정받

았다. 여러 갈래의 하천과 수로가 종횡으로 뻗어 있는 상하이는 동양과 서양, 고대와 현대의 풍물이 공존하는 독특한 분위기를 띠고 있었다.

평생 대쪽 같던 시인 두보가 읊은 절구 중에 이런 걸작이 있다.

江碧鳥逾白　강물이 푸르니 새가 더욱 희어 보이고
山靑花欲然　산이 푸르니 꽃이 더 타는 듯 붉네
今春看又過　금년 봄도 객지에서 보낼 것인지
何日是歸年　언제나 고향에 돌아가리오

상하이에서는 천리만리 길, 양쯔 강의 반대편 끝자락에 있는 청두成都의 풍경을 노래한 것이지만 평생을 방랑하던 성마른 성격의 시인이 객지 생활의 우수를 표현했다는 면에서 볼 때, 생전 처음 보는 풍경의 이국에 놓여진 선교사들의 인간적인 심정을 떠올리게 하는 시구다. 녹음을 배경으로 그 탐스럽고 화려한 자태를 더욱 뽐내는 붉은 모란꽃처럼 상하이 역시 역사의 질곡을 거치면서 더욱 다채로운 면모를 보이고 있었다.

상하이에 도착하자마자 토마스 부부는 런던 선교회 상하이 지부장

아편전쟁

아편 전쟁 18세기 후반 자본주의 단계로 진입한 영국에서는 차를 마시는 풍습이 보급되어 중국으로부터의 차의 수입이 격증하게 되었다. 이에 1834년까지 중국 무역 독점권을 갖고 있던 영국 동인도 회사는 인도산의 아편을 중국에 밀수출함으로써 차 구매 자금을 조달하려고 하였다. 아편 수입으로 인해 재정난에 빠지게 된 청 정부는 1839년 아편을 금지시키기 위해 임칙서(林則徐)를 광저우(廣州)로 파견하여 강력한 금연 정책을 실시하였다. 영국 정부는 영국 자본주의의 사활이 달린 아편 무역을 비호하기 위해 1840년 중국을 공격했으며 이로써 일명 아편 전쟁이 발발하게 되었다. 군관민의 강경한 저항에도 불구하고 결국 무릎 꿇은 중국은 1842년 영국 정부와 굴욕적인 불평등 조약인 난징(南京) 조약을 체결하였다.

옛 상하이 거리

인 윌리엄 뮤어헤드William Muirhead의 환영을 받았다. 그의 안내로 내외는 살림을 차릴 집을 찾고 영국에서부터 가져온 짐을 풀 수 있었다.

이즈음 뮤어헤드는 런던 선교회로 다음과 같은 편지를 보내고 있다.

"폴메이스 호가 도착했음을 알리게 되어서 기쁩니다. 선교사들은 아무 탈 없이 도착했는데, 즐거운 항해였던 기색이 역력했습니다. 토마스 내외는 지금 저희와 함께 머무르고 있습니다. 우리의 친애하는 형제와 함께 주의 영광을 위해 일하게 된 것을 진심으로 기쁘게 생각합니다."

당시 중국 선교의 대들보였던 윌리엄 뮤어헤드는 나이도 토마스보다 17살 위였으며 중국 선교를 위하여 상하이에 도착한 것도 17년 먼저였다. 그는 이미 상하이에서 많은 사건들을 겪으며 활동해 온 선교 베테랑이었다.

그의 전적을 살펴보자면, 1854년 4월 4일의 일화가 인상적이다. 1854년 외국인에게 불만을 품은 중국 정부군이 상하이의 외국인 거주 지역을 공격하는 일이 발생했다. 이는 외국인 함대의 공동 방어로 쉽게 진압되기는 했지만, 이 전투에서 포성과 함께 대포알 하나가 날아와 뮤어헤드의 집 벽에 박히는 일이 벌어졌다. 이 단편적인 에피소드를 통해서도 그가 얼마나 위험한 상황에서 선교 활동을 해왔는지를 짐작할 수 있다.

1863년의 뮤어헤드는 토마스 선교사 부부의 도착으로 상당히 고무

되어 있었던 듯하다. 그 동안 두 가정이 사역하던 선교 팀에 한 가정이 더 늘었으니 그로서는 든든하기도 했을 것이다.

말 그대로 첫 선교지인 상하이에서 토마스는 중국어 공부에 전념하였다. 중국은 영토가 넓은 만큼 방언*의 종류가 매우 다양하고 각 방언 지역끼리 의사 소통이 안 될 정도로 차이도 크다. 토마스는 수많은 중국어 방언 중에서 당장 선교하는 데 필요한 상하이 방언과 베이징 방언, 즉 만다린어官話부터 차분하게 배워 나갔다.

토마스가 상하이에 도착한 후 부모에게 띄운 첫 번째 편지에 의하면, 그의 하루 일과는 상당히 규칙적이었다. 아침에 일어나면 우선 기도하고 7시부터 30분간 중국 조랑말 타는 연습을 한 후 8시 조금 지나서 아침을 먹고 8시부터 12시까지 상하이 방언을 익혔다. 그 뒤에 30분간 걷기도 하고 대화도 나누다가 점심을 먹었고, 오후 3시부터 5시까지는 베이징 방언을 배웠다. 6시의 저녁 식사 후 7시부터 10시까지 일주일에 두 차례 1시간 반의 선교 모임을 가졌고, 그 후에는 책을 읽었다. 매주 목요일 밤에는 중국어로 설교를 하였다.

그가 영국에 있는 부모와 동생들에게 쓴 편지는 여럿 발견되고 있다. 추진력 강하고 의지 굳은 그였지만 한편으로는 주위의 사랑하는 이들에게 한없이 다정다감했음을 그 편지들을 통해서 알 수 있다.

중국어 방언 중국어는 한민족의 발전에 따라 황허(黃河) 강 유역으로부터 그 주변으로 확대되었는데, 이 때에 방언의 차이가 분명해졌다. 중국어의 무수한 방언은 크게 5군(五群)으로 나뉜다. 우선 북방 방언, 즉 만다린어(官話)는 베이징을 중심으로 전체 인구의 70% 정도가 사용하는 방언이다. 그리고 오어(吳語)는 상하이를 중심으로 사용되는 방언으로 중남부 지역 방언 중 화자가 가장 많다. 민어(閩語)는 푸젠성(福建省)을 중심으로 사용되는 방언인데, 대만인의 상용어이기도 하다. 광둥어(廣東語)는 광저우(廣州)를 중심으로 홍콩을 포함한 남방 지역에서 사용하는 방언이다. 그리고 북방 난민의 자손들이 사용하는 커자(客家) 방언 등이 있다.

토마스 선교사가

상하이에서 그의 부모에게 보낸 첫 번째 편지 중에서

티소가 그린 톈진의 관아

……저희는 지금 거실을 정리하느라 바쁩니다. 이렇게 정리하는 일은 2주일 안에 모두 끝내려고 합니다. 제 하모니엄이 거실에 훌륭한 장식품이 되고 있습니다.

캐롤라인은 별 탈 없이 잘 지냅니다. 가사일을 도우러 오는 중국 여인은 영어를 조금 할 줄 알고 캐롤라인 역시 매일 중국어를 배우고 있기 때문에 서로 잘 어울리고 있습니다.

전에 이야기했던 선교사들을 기억하시는지요. 더전 부부와 제임스 윌리엄슨 부부는 톈진*으로 향했지만 얼음이 얼어 배가 다구大沽 항에 들어가지 못하는 불상사가 일어났습니다. 그들은 어쩔 수 없이 즈푸에서 반은 영국식, 반은 중국식으로 된 작은 집에서 살고 있습니다. 짐도 최소한으로 줄이고 매우 비참한 상태에 처해 있습니다.

알렉산더 윌리엄슨 가족도 몇 주 전에 즈푸로 떠났는데, 그들이 탑승한 배의 선장이 60센티미터 두께로 얼어붙어 있는 곳을 무리하게, 그

것도 밤에 운행하다가 좌초시키는 실수를 저질렀습니다. 그래서 승객들은 작은 배를 타고 나와 밤새 노새를 타거나 걸어 50여 킬로미터를 행군하고서야 간신히 즈푸에 도착했습니다.

저희가 텐진에 가지 않고 이 곳에 머무르는 데 대해 감사하고 있습니다. 만일 우리도 북쪽으로 여행을 떠났다면 캐롤라인이 불행해질 뻔했습니다……

당신의 신실한 로버트 저메인 토마스
1864년 2월 4일 상하이

19세기 텐진의 상인

텐진 天津 베이징, 상하이 다음 가는 중국 제3의 도시이다. 원래 허베이 성(河北省)의 성도(省都)였으나 1967년 직할시가 되었다. 춘추전국 시대 이후 육지가 침강하여 바닷물에 잠기기도 하였으나 다시 육지화되어 당·송 시대부터 개발되기 시작했다. 원나라 때 군사 거점이 되면서 상업 활동이 이루어졌으며 1860년 개항장이 된 후부터는 급속도로 발전하였다. 바다와 인접해 있고 내륙 수운이 발달하여 중국 북부 지방 최대의 무역항이 된 이 도시는 베이징의 상업적 관문 역할을 다하여 민족적으로 다양하고 상업적으로 혁신적인 분위기가 조성되어 있다.

STORY 18

"제 아내 캐롤라인이 소천하였습니다. 그녀의 죽음에 저는 크나크게 상심하였습니다. 제 사랑하는 아내는 받을 수 있는 고난은 모두 다 받았습니다. 더 이상 편지를 쓸 수가 없습니다. 이 일을 상세하게 말하려 하니 슬픔이 또다시 복받쳐 오릅니다."
_ 로버트 저메인 토마스, 상하이에서 보낸 편지 중에서

때 아닌 서리가
꽃을 떨어뜨리고

격변하는 시대의 중심지로서 묘한 활기에 차 있던 상하이에서 토마스 선교사는 꿈과 같은 3개월을 보냈다. 오랫동안 꿈꿔 왔던 중국 선교사로서 그 동안 갈고 닦았던 중국어로 설교도 하면서 아내와 행복한 시간을 보냈다.

안락한 고향집을 떠나 4개월이 넘는 고생스런 항해를 마다하지 않고 따라온 캐롤라인은 이미 영국을 떠나기 전부터 임신 중에 있었다. 빅토리아 조 특유의 도덕주의에 따라 당시 영국 여인들은 임신을 해도 그 사실을 다른 사람에게 이야기 하는 것을 꺼렸는데, 캐롤라인도 예외가 아니었다.

친정인 고드프리 가에 보낸 편지를 보아도 임신에 대한 이야기는 나

오지 않는다. 그러나 시가 쪽에서는 임신 사실을 알고 있었을 것이라고 추측된다. 토마스의 편지에 아내가 아기를 가졌다는 것을 암시하는 내용들이 나타나 있기 때문이다. 그의 편지를 보면, 함께 중국으로 왔던 선교사들이 각각 사역지로 가는 도중에 어려움을 당했다는 내용 끝에 이런 언급이 있다.

"만일 우리도 북쪽으로 여행을 떠났다면 캐롤라인이 불행해질 뻔했습니다.", "캐롤라인이 이 곳 겨울은 잘 이겨내겠지만 여름이 걱정입니다. 모두들 상하이의 여름나기는 보통 고역이 아니라고 합니다. 여성들에게는 특히나 더욱 힘든 일이라고 하는데……."

토마스는 1864년 3월 11일 계획했던 대로 중국 중부 내륙 지역에 있는 한커우漢口*로 갔다. 그 해 1월에 한커우에서 사역하고 있던 그리피스 존Griffith John 선교사의 초청도 있었지만, 우선은 캐롤라인이 아기를 낳은 후 산후 조리를 하며 여름을 보낼 집을 구하기 위해서였다.

그를 초대한 그리피스 존 선교사는 고향에서부터 잘 알고 지내던 이였다.

그리피스 존은 웨일스 스완지 출신으로서 토마스의 아버지가 스완

한커우의 거리

한커우 漢口 중국 후베이 성(湖北省) 우한(武漢) 도시군의 북부 지구로, 우창(武昌), 한양(漢陽)과 함께 우한 3진(三鎭)을 이룬다. 송대에 하구(夏口)라는 이름으로 세워진 이 도시는 양쯔(揚子) 강과 한수이(漢水) 강이 합류하는 지점에 있어 교통이 편리하여 일명 '구성지회'(九省之會)라고 불렸다. 명·청대에는 중국 4대진 가운데 하나로 꼽혔으며, 중국이 최초로 대외 무역에 개방한 도시 중 하나로서 상업 및 교통의 중심지 역할을 감당하고 있다.

한커우에서 사역하는 그리피스 존(가운데)

지에서 목회할 때부터 안면이 있던 사이였다. 공부 역시도 토마스의 아버지가 수학했던 뉴타운 신학교에서 하였기에 여러 모로 인연이 깊다고 할 수 있겠다.

그는 1855년, 그러니까 토마스보다 8년 전에 상하이에 파송되었다가 1861년부터 내륙 지역인 한커우로 이주하여 새로운 사역을 시작하였다. 1863년 당시에는 토마스 내외가 여름을 보낼 집을 구해 주는 한편 중국 선교에 대한 정보도 나누려고 초청했던 것 같다.

그리피스 존의 토마스에 대한 애정은 각별했다. 한커우에서의 만남 이후에도 서신을 교환하면서 토마스가 착실하게 선교 활동을 할 수 있도록 충고했고, 또 1866년 토마스가 두 번째이자 마지막으로 조선으로 갈 때도 염려와 조언을 아끼지 않았다.

그리피스 존의 전기

아직은 신혼의 단꿈에 젖어 있던 토마스는 결혼한 후 처음으로 아내와 떨어지는 것이라 한커우 방문을 미루기도 했었다. 낯선 이국 땅에서 홀몸도 아닌 아내를 홀로 남겨두기란 쉬운 일이 아니었을 것이다. 그러나 현실적으로는 집부터 구하는 것이 캐롤라인을 위하는 길이라고 생각하고 그는 겨울 추위가 풀리는

3월 초순을 출발 날짜로 잡았던 것이다.

　3주 예정으로 떠나 한커우에 머무는 동안 토마스가 가졌던 불안감은 세상에서 말하듯 부부 사이에만 통하는 감정이었을까? 그는 이유 없이 불길한 예감에 사로잡히곤 했다. 하지만 한커우에서 받은 캐롤라인의 편지는 여느 때처럼 상냥하고 평안한 안부로 채워져 있었다. 그 짧은 동안 캐롤라인에게 비극이 벌어지리라고는 상상도 할 수 없게 조용한 일상만을 그리고 있었다.

　그런데 애써 마음을 다잡았던 토마스는 상하이로 돌아오는 길에 만난 의사로부터 청천벽력 같은 소식을 전해 듣게 된다. 그 의사가 건네준 편지는 캐롤라인이 부탁한 것으로, 아기를 유산하고 말았으나 자신은 괜찮으니 염려하지 말라는 내용이었다. 그러나 그 의사의 말로는 캐롤라인이 사경을 헤매고 있다는 것이었다.

　토마스는 믿을 수가 없었다. 절박한 심정으로 밤낮을 가리지 않고 귀갓길을 재촉했으나, 상하이에 도착했을 때는 이미 캐롤라인은 이 세상 사람이 아니었다.

　3월 20일 토요일, 토마스가 한커우로 떠난 지 9일째 되는 날이었다. 그 날도 캐롤라인은 평소와 같이 소소한 일과를 정리하며 보내고 있었다. 하지만 그 평온한 일상은 친밀하게 지내던 미국 선교사 부인이 갑자기 죽었다는 통보를 받음으로써 산산이 깨지고 말았다.

　캐롤라인은 내성적이고 예민한 여인이었다. 타국에서 같은 소망을 가지고 피붙이보다 더 가깝게 교제해 오던 친구의 갑작스런 죽음은 그녀에게 감당하기 어려운 충격이었던 듯하다. 그녀는 외롭고 힘겨울 때

마다 그녀와 그녀의 남편을 위로하고 격려하였던 희망을 그 날 잃었다. 아이를 놓치고 말았던 것이다.

그렇지 않아도 상하이에 온 이후로는 몸이 안 좋아 토마스로 하여금 늘 노심초사하게 했었다. 그러다가 제대로 돌봐줄 이 없는 상황에서 받은 충격이 바로 유산의 아픔으로 이어졌던 것이다.

캐롤라인은 하혈을 많이 했고 그 와중에 바이러스에 감염되었다. 혹독한 고통과 상실감에 싸여 있었지만 잠시 정신을 차린 그녀는 남편에게 편지를 보냈다. 그것이 바로 토마스가 돌아오는 길에 받은, 아기는 유산했으나 자신은 괜찮다는 서신이었다.

그러나 편지를 쓴 다음주 월요일 아침부터 그녀는 혼수 상태에 빠졌다. 주치의 헨더슨Henderson 박사와 또 다른 의사가 진찰을 하였지만, 이미 하혈을 많이 하여 손을 쓸 수 없는 상태에서 감염이 되었기에 회복의 기미는 찾을 수가 없었다.

화요일에 잠시 의식을 찾기는 했지만 그 순간에도 토마스를 염려하다가 다시금 혼수 상태에 빠졌다. 그리고 그 날 밤, 마지막으로 의식이 돌아왔다. 병색 짙은 초췌한 얼굴이었지만 그녀 본연의 기품은 잃지 않고 있었다. 여전히 아름다운 그녀의 이마와 미간에 감도는 아쉬움은 육신에 관한 것이 아니었다. 곁에 없는 토마스를, 허덕이며 달려올 그를 그

중국 선교사가 세운 병원

순간 그녀는 어떻게 기억했을까? 그토록 무한한 행복과 기대를 안겨 주었다가 한순간에 사라져 버린 사랑의 결실을 어떻게 돌이켜 보았을까?

고난에 처할 때일수록 고상하고도 굳센 성품을 드러내었던 고향의 왕족들처럼 그녀는 죽음을 예감한 순간에도 침착했다. 나지막하기는 했으나 분명한 목소리로 그녀는 "주님은 나에게 고귀한 분입니다."라는 말을 남기고 새벽 1시에 주님의 품에 안겼다. 29살 한창 나이에 고향의 들녘과는 천양지차인 이국 땅 상하이의 외국인 거주지에서 그녀는 외롭게 죽어갔다.

캐롤라인 고드프리

토마스는 통곡하였다. 그는 자제력이 뛰어난 사람이었다. 그러나 사랑하는 아내의 죽음 앞에서는 자기의 감정을 억제할 길이 없었다. 그는 감당하기 어려운 슬픔에 짓눌려 말을 잃었다. 고집스럽게 흔들리지 않던 진리에 대한 확신과 세상에 대한 호의가 그 순간만큼은 뒤집어지고 있었다.

잘 다녀오라고 배웅 나왔던 문턱은 여전하고, 태어날 아기를 위해 지어 놓은 옷가지며 가재도구들은 그대로인데, 연인으로 누이로 벗으로 동역자로 의지하고 사랑하던 여인만이 그 존재를 달리하고 있었다. 남기는 말조차 들지 못하고 반려를 잃은 그의 가슴은 찢어질 듯한 고통만이 가득할 뿐이었다.

토마스는 그렇게 소년 시절부터 10여 년을 함께했던 여인을 잃었다. 한때는 전설에 나오는 아가씨인 양 동경하다가 번스가 노래하듯 같이 묻히게 될 그 날까지 해로하리라 서로 서약했던 현숙한 배우자의 손을 그렇게 해서 놓치고 말았다.

뒤돌아선 그의 어깨는 삭막하고 황량한 고지 벌판에서 똑같은 애고지정愛苦之情에 흔들렸던 한 시인의 마음처럼 한없이 떨리고 있었다.

숱한 맹세와 뜨거운 포옹으로

우리의 헤어짐은 애정으로 넘쳤었다

다시 만날 것을 기약하며

우리는 서운히 헤어졌다

그런데 오! 잔인한 사신死神의 때 아닌 서리가

나의 꽃을 너무나도 일찍 떨어뜨려 버렸구나

로버트 번스와 연인 메리

로버트 번스의 '고지高地의 메리' 스코틀랜드의 민족시인 로버트 번스(Robert Burns, 1759-1796)는 1786년 진 아머(Jean Armour)와 사랑에 빠졌으나 그녀의 아버지의 반대로 번민하고 있었다. 그 때 만난 여인이 쾌활하면서도 상냥한 성격이 매력적이었던 메리 캠벨(Mary Campbell)이었다. 경제적인 면을 포함하여 여러 가지 일이 잘 풀리지 않아 고민하던 번스는 자메이카에 이민 갈 생각을 하였고 동행을 수락한 메리를 그리녹(Greenock)에서 기다리도록 하였다. 그러나 그 해 발표한 시집이 대성공을 거두고, 진 아머가 번스의 아이를 출산함으로써 이민의 꿈은 접게 되었다. 가련하게도 하염없이 번스를 기다리던 메리 캠벨은 1786년 10월 열병으로 사망하고 말았고, 번스의 명시 '고지(高地)의 메리'에서 영원히 숨쉬게 되었다.

이제 내 고지의 메리를 덮은
떼는 푸르고 흙은 차기만 하다

상냥히 나를 바라보던
반짝이는 시선은 영원히 감겨져 버렸다
나를 극진히 사랑했던 그 마음도
이제 침묵만 감도는 흙으로 돌아가는구나
하지만 언제까지나 내 마음 한가운데
내 고지의 메리는 살고 있으리*

캐롤라인이 소천한 직후

토마스 선교사가 런던 선교회에 보낸 편지 중에서

존경하는 이사님들께

영국을 떠난 후에 처음 편지를 띄웁니다. 말씀드리고 싶은 것은 많지만, 감정을 누르고 소식을 전하겠습니다.

제 아내 캐롤라인이 지난달 24일 소천하였습니다. 그녀의 죽음에 저는 크나크게 상심하였습니다.

영국에서 중국으로 오는 긴 항해 동안에도 아내의 컨디션은 내내 좋았습니다. 그 때까지 기후도 상당히 온화하고 쾌적했습니다. 그러나 상하이의 환경은 아내에게 견디기 쉬운 것이 아니었습니다.

하지만 저는 크게 염려하지는 않았습니다. 아내는 행복해 했고 평온한 일상을 보냈기 때문입니다. 그래도 더운 날씨가 마음에 걸려, 지난 11일 중국 내륙 한커우에 갈 수 있는 기회를 이용하기로 했습니다. 이번 여름을 그 곳에서 보낼 방법을 찾아보면 좋겠다는 생각을 했기 때문입니다.

행장을 꾸려 한커우에 도착했을 때, 그리피스 존 선교사는 정말 친절하게 저를 맞아주시고 도와주셨습니다. 다시 한번 느꼈지만, 한커우는 상해보다 여러 모로 위생적인 곳이었습니다.

긴 기간은 아니었지만 제가 없는 동안 좋지 않은 일이 있을 것만 같이 불안하여 되도록 빨리 돌아오려고 했습니다. 그러다가 전장鎭江*에 도착했을 때 의사 가스Garth로부터 슬픈 소식을 듣게 되었습니다.

한커우에 있을 때 받은 아내의 편지는 평소와 같이 조용하고 행복하다는 내용으로만 채워져 있었기에, 그가 전해 주는 것처럼 어려운 상황일 것이라고는 생각하지도 못했습니다.

아내는 소천하기 며칠 전 같은 지역에 사는 미국 선교사의 부인이 죽었다는 소식을 듣고 충격을 받았던 것 같습니다. 그 충격으로 캐롤라인은 갑자기 유산을 했습니다. 그 와중에도 아내는, 자신이 유산했다는

1894년 전장에서 발행된 우표

전장 鎭江 중국 장쑤 성(江蘇省) 남부의 이 도시는 예로부터 남북의 교통로였던 대운하와 동서의 교통로인 양쯔 강의 교차점에 위치하여 북쪽 기슭에 있는 양저우(揚州)와 함께 교통의 요지였다. 아편 전쟁(1840-1842) 중인 1842년 영국과의 전투를 겪었으며, 태평천국 운동(1851-1864) 때에도 전쟁의 중심 무대로서 큰 피해를 입었다. 이러한 어려움에도 불구하고 전장은 여전히 중요성을 잃지 않았다. 국내 교역이 대부분을 차지하는 전장 항은 중국 내에서도 상위에 속하는 하항(河港)이다.

소식을 제가 듣고 놀랄까봐 염려하지 말라는 편지를 친구를 통해 보내왔던 것입니다.

　월요일 날 아침부터 아내는 생사를 넘나들기 시작했습니다. 그 다음 날은 저녁 때까지 거의 하루 종일 의식을 잃고 있었습니다.
　주치의 헨더슨 박사가 또 다른 의사와 함께 사경을 헤매는 그녀를 지켜보았습니다. 그리고 24일 새벽 1시에 그녀는 조용히 주님의 품에 잠들었습니다. 그녀는 소천하기 전에 잠시 의식이 회복되어 "주님은 나에게 고귀한 분입니다."라는 말을 남겼다고 합니다.

　제가 느낀 상실감은 말로 형언할 수 없는 것입니다. 이런 제 마음을 바꿔 줄 새로운 사역지를 찾아야만 합니다.
　제 사랑하는 아내는 받을 수 있는 고난은 모두 다 받았습니다. 곁에서 보살펴 주신 분들께는 진심으로 감사하고 있습니다. 더 이상 편지를 쓸 수가 없습니다. 이 일을 상세하게 말하려 하니 슬픔이 또다시 복받쳐 오릅니다.
　고귀한 선교 사역을 위해서 철저하게 저 자신을 드리려고 했고 이제 막 사역을 시작했는데, 지금 저는 감당할 수 없는 슬픔으로 인하여 제 마음을 걷잡기가 어렵습니다.
  여러분의 기도와 위로가 필요합니다. 이 비통함이 영광스러운 일에서 저를 떼어놓을 수는 없으므로…….
  어찌하였든 그녀의 평화롭고 고통 없는 죽음에 대하여 주님께 감사드립니다.

"주신 자도 여호와시요 취하신 자도 여호와시오니 여호와의 이름이 찬송을 받으실지니이다" 욥 1:21.

당신의 신실한 로버트 저메인 토마스
1864년 4월 5일
런던 선교회 상하이 지부

STORY 19

"저는 콜레라에 걸렸기 때문에 기분이 그리 좋지 않습니다. 상하이에도 콜레라가 돌기 시작했습니다. 이 곳에서 4개월간 머물렀던 젊은 영국 부인들이 콜레라에 걸려 12시간이 채 못 되어 죽어갔습니다. 지금도 매일 1명에서 2명의 사망자가 나오고 있습니다. 사태가 심각합니다."
_1864년 토마스가 상하이에서 부모에게 보낸 편지 중에서

사무친 그리움을 딛고 서다

토마스 선교사가 활동하던 당시 중국에는 약 200여 명의 선교사들이 사역하고 있었다. 그 가운데 50명 이상이 각종 질병이나 중국인들의 폭력에 의해서 죽었다.

그러나 그들은 갖가지 고생과 물리적인 핍박과 배우자나 자식들이 죽어가는 고통에도 쉽게 본국으로 돌아가지 않았다. 그들은 파송된 선교지에 묻히기를 원했으며 부득이 건강이 악화되어 본국에 돌아갈 경우에도 회복된 후에 다시 선교지로 찾아와서 사역하다 최후를 맞이하였다.

이역 땅에서 복음을 전하는 선교사들이 용감한 것은 어느 시대나 마찬가지이나, 신앙 부흥 운동의 물결을 탄 이 당시의 선교사들의 담대함

은 좀 특별했다.

토마스 역시 그 뼈아픈 고통을 당하면서도 영국으로 돌아갈 생각은 하지 않았다. 그것은 그가 선교사로서의

중국에서 선교 여행을 하는 선교사들

첫걸음을 내딛을 때 얼마나 굳은 사명감과 철저한 자기 헌신의 자세를 가졌었는지를 보여준다.

토마스는 아내의 장례 예배를 치르고 시신을 상하이 외국인 묘지에 안장하였다.

캐롤라인에 대한 그리움은 가슴에 사무쳤지만, 그녀의 죽음 직후에 겪었던 혼란과 비애는 이제 그의 가슴에서만 들끓을 뿐 외견상으로는 그 특유의 의연함을 되찾고 있었다. 토마스는 캐롤라인의 친정과 자신의 가족들에게 비보를 기별했다.

그는 젊은 나이에 세상을 떠난 아내를 위해 묘비를 세우기로 작정하고 캐롤라인의 어머니를 통해 영국 온들에 제작을 의뢰하였다.

"잊지 마시고 묘비는 수수하지만 우아하고 십자가가 있으며 교회 것처럼 보이게 만들어 달라고 해주십시오. 비문은 제가 쓴 것에서 더하거나 덜하지 마시고 글씨는 꼭 고딕체로 부탁해 주십시오."

엘리자베스 토마스

비문은 토마스 자신이 직접 써서 보냈고 완성된 묘비를 비싼 값을 치르면서도 상하이로 운반해 오게 하여 아내의 묘지에 세웠다.

철광석이 용광로를 통과하여 제련되듯이 토마스 역시도 고통의 불을 지나면서 정제되었던 것일까? 아내의 장례를 마무리한 후 그는 더욱더 적극적으로 전도 사역을 강행하였다.

고향에서는 그에게 캐롤라인이 없는 빈 자리에 누이동생 애니를 데려가 함께 사는 것이 어떻겠냐고 권유했다. 여동생 가운데 큰 누이 엘리자베스는 그 해에 아버지 토마스 목사의 절친한 친구 데이비드 리스David Rees의 장남인 버나드 리스Bernard Rees와 결혼하였고 셋째 누이 새러는 너무 어렸기에 애니를 보내서 토마스의 시중을 들게 하려는 의도였다.

그러나 토마스는 단호하게 거절했다. 그로서는 아내가 병으로 죽은 이국 땅에서 다시 여동생이 희생하는 것을 반가워할 수 없었을 것이다.

"애니가 상하이에 오면 좋겠지만 여기 날씨를 견디지 못할 것입니다. 그리고 나중에라도 그 애가 아플 경우 선교회 이사회에서는 그 앨 일본에 있는 요양소에 보낼 돈을

지불하지 않을 것입니다. 저는 외롭기는
하지만 여기에 있는 친구들로부터 많은
위안을 얻고 있습니다."

그 해에는 영국으로부터 또 한 가지 슬
픈 소식이 들려왔다.

캐롤라인의 죽음은 토마스뿐 아니라
그녀의 가족들에게도 고통스러운 것이었

존 고드프리의 묘비

다. 선교사로서는 선교지에서 죽는 것이 영광이겠지만 가족들에게는
씻을 수 없는 상처가 되었던 것이다.

정정했던 캐롤라인의 아버지 존 고드프리는 사랑하는 딸이 선교지
에서 죽었다는 소식을 듣고 충격을 받아 기력을 잃고 말았다. 웬만한
일에는 흔들리지 않고 친지와 주민들의 기둥 역할을 하던 그였지만
아끼던 혈육을 잃은 아픔은 병마로 그를 덮쳤다. 이후로 줄곧 병상에
있던 그는 해를 못 넘기고 1864년 11월 11일 84세의 나이로 숨졌다.

토마스는 사역에 전념하기는 했지만 상하이에 상주하고 싶지는 않
았다. 그래서 런던 선교회에 내륙 지방인 한커우로 사역지를 옮겨 달라
고 요청했으나 답신은 늦어지기만 했다.

기다리는 동안 토마스는 뮤어헤드를 도와서 교회를 섬기는 한편 전
도 여행을 통하여 성경을 나누어 주는 사역과 노방 전도에 몰두하였다.

중국이 서구 열강들과 톈진 조약,* 베이징 조약 등을 체결한 이후 외
국인들에게는 조약항 條約港 이외에도 내륙 지방을 여행할 수 있는 자유

톈진 조약이 체결된 사찰

가 주어졌다. 말하자면 선교사들이 자유롭게 지방으로 복음을 전하러 다닐 수 있는 조건이 형성되어 있었다고 볼 수 있다.

그러나 사실상으로는 외국인이 외국인 보호 지역을 떠나 지방을 다니는 것은 위험한 일이었다. 그럼에도 패기 넘치는 토마스는 3개월간에 걸쳐 베이징과 톈진 그리고 즈푸를 돌아보았다.

이렇게 오랫동안 또는 빈번히 여행을 하게 된 이유를 정리하자면 다음과 같다.

첫째, 순수하게 복음을 전하기 위해서였다. 3억 중국인들에게 복음을 전하기 위해서는 가능한 한 많은 사람들에게 복음을 전해야만 했다.

둘째, 언어를 배우는 데 많은 사람을 만나는 것보다 더 좋은 방법은 없었기 때문이다. 언어는 책상 위에서만이 아니라 삶 속에서 배워야 한다는 것이 토마스의 지론이었다.

셋째, 토마스에게는 여행을 하면서 복음을 전할 수 있

톈진天津 조약 중국 톈진에서 청나라와 여러 외국 사이에 맺어진 조약을 통칭하는 것인데, 본문에서는 1858년에 체결된 최초의 톈진 조약을 거론하고 있는 것이다. 이 조약은 제2차 아편 전쟁, 즉 애로 호 사건에 패한 청나라가 러시아, 미국, 영국, 프랑스와 맺은 4개의 조약이다. 그 가운데 광범위한 대(對)영국 조약의 내용은 외교 사절의 베이징 상주, 내륙 여행과 양쯔 강 통상 승인, 새 무역 규칙과 관세율 협정, 개항장 증가, 기독교 포교의 자유, 보상금 지불 등이었다. 이 조약을 시작으로 하여 1871년 일본과 수호 조약을 체결하는 등 1880년대까지 수차례에 걸쳐 톈진에서 조약이 맺어졌다.

도록 도와준 알렉산더 윌리엄슨이 있었다. 토마스가 전도 여행을 할 때 비용을 지원해 준 선교 단체는 스코틀랜드 성서공회였는데, 이 지원은 스코틀랜드 성서공회 소속 선교사였던 알렉산더 윌리엄슨의 도움이 있었기에 가능한 일이었다. 토마스는 여행 중에 발생한 모든 지출에 대하여 영수증을 첨부하여 스코틀랜드 성서공회로 보고하고 있다.

보통 사람이라면 신념과 우호적인 세계관이 뒤흔들릴 만큼 쓰라린 고통을 겪은 토마스는 그 해 그 뜨거운 여름을 베이징을 오가는 고된 여정으로 복음을 전하며 보내었다. 육신의 고달픔은 이미 그에게 고달픔이 아니었는지도 모르겠다.

Note

윌리엄 칼빈 토마스

새러 토마스

토마스의 형제, 자매와 그 후손들

로버트 저메인 토마스 선교사의 형 윌리엄William은 해외 사업가로서 명성을 누렸다. 토마스 선교사의 순교 소식을 들은 후 직접 중국으로 가서 그의 죽음을 확인하고 여행용 책상과 전도용 코란 등 유품들을 가지고 돌아왔다. 40대 중반에 고향에 돌아온 그는 아버지의 사역을 도와 슬라노버 교회에서 주일 학교를 섬기고 성가대를 맡아 봉사하였다. 그의 딸 노라Norah는 종군 간호사로 활동하다가 웨일스의 수도 카디프에서 적십자사 간부로 근무하였다. 아들 로버트 클리퍼드Robert Clifford는 회계사로서 3명의 딸을 두었다. 현재 윌리엄 칼빈 토마스의 후손은 웨일스, 잉글랜드, 남아프리카 공화국에 흩어져 살고 있다.

큰 누이 엘리자베스Elizabeth는 웨일스의 유명한 목회자요 저술가였으며 아버지 토마스 목사의 가까운 동역자였던 데이비드 리스David Rees의 장남인 버나드Bernard와 결혼하였다. 인쇄업자였던 버나드 리스는 파크엔드 교회를 개척하여 50여 년간을 섬겼고 엘리자베스 역시 그 교회의 재정 담당으로서 남편을 도왔다. 그녀의 후손은 의사, 사업가, 정치가로서의 길을 걸

엘리자베스 토마스의 증손자 스티븐 리스 내외

엘리자베스 토마스의 증손자 스티븐 리스의
주 장관 취임식

었으며 35명의 후손 중 현재 24명이 잉글랜드, 웨일스, 호주 등지에서 살고 있다. 그녀의 증손자인 스티븐 리스 Stephen Rees는 공인 회계사이면서 지역 사회를 위해 활발한 활동을 펼치다가 2002년 영국 왕실로부터 남부 웨일스 3개 주의 주 장관으로 임명받았다.

둘째 누이 애니Annie는 사업가 존 스티븐스John Stephens

토마스 가의 후손들

과 결혼하여 노년의 토마스 목사 내외를 섬겼으며 슬하에 4명의 아들을 두었다. 토마스 목사 내외가 소천한 후 그녀는 재산을 정리하여 언니 엘리자베스 곁에서 살았고 엘리자베스와 같은 해 같은 달인 1929년 6월에 눈을 감았다. 그녀의 아들 가운데 하나인 저메인Jermain 은 음악가로서 웨일스 지역에서 주로 활동하였다.

셋째 누이 새러Sarah는 그리피스Griffiths와 결혼하여 아들 하나를 두었고 미국 뉴욕으로 건너가 살았다.

토마스 선교사의 동기들은 모두 장수하여 윌리엄은 78세, 엘리자베스는 88세, 애니는 85세, 새러는 80세에 주님의 품에 안겼다.

"제가 중국에 온 것은 저의 생애를 영광스러운 소명에 바치고자 하는
순수하고도 진지한 결정에 의한 것이었습니다."
_로버트 저메인 토마스

삐걱거리는 수레바퀴

이즈음 토마스와 런던 선교회 상하이 지부장인 뮤어헤드 사이의 불편한 관계가 불거지기 시작했다. 서로의 선교관 차이로 인해 시작된 삐걱거림은 몇 달 동안이나 계속되었다. 서로간의 골은 갈수록 더 깊어져 갔고 급기야는 폭발 직전에 이르게 되었다.

윌리엄 뮤어헤드는 이미 상하이에서 자리를 잡고 중국 선교의 중추적인 역할을 감당하는 관록 있는 선교사였다. 그가 상하이에서 목회하던 영국인 교회는, 점점 늘어가는 상하이 상주 영국인들로 인해 교인수가 계속 증가하는 상황에 있었다.

당시 중국에서는 외국인에 대한 반감이 커져 가고 있었다. 전통적으로 자신들이 세계의 중심이라는 긍지*를 가지고 있었던 중국은 외세에

의하여 강압적으로 문호를 개방하고 각종 불평등 조약으로 점차 식민지화되어 가는 자신들의 현실에 분개하고 있었다. 이러한 일촉즉발의 상황에서 자국 군대가 지켜 주는 외국인 거주 지역을 벗어나 다닌다는 것은 대단히 위험한 일이었다. 이것을 너무도 잘 알고 있었던 뮤어헤드는 자신의 사역을 외국인 거주 지역을 중심으로 펼쳐 나갔다.

반면에 토마스는 영국인을 위해 사역하고자 중국 땅에 온 것이 아니었다. 이미 고국에서 좋은 교회의 담임 목회자 자리를 마다하고 온 그였기에 조금이라도 시간이 나면 중국인들에게 가서 복음을 전하였으며 그렇게 해서 실제로 전도의 열매를 맺어 갔다.

똑같이 뜨거운 소명 의식과 소망을 가지고 있었으면서도 인간의 부족한 면모의 발로였을까? 아니면 주님이 들어 쓰시는 방법이 달랐던 것일까? 굳은 포옹으로 시작된 동역자로서의 행로는 시간이 지날수록 더욱 엇갈리고 있었다.

토마스는 뮤어헤드에 관해 몇 가지 문제점을 지적하고 나섰다.

첫째는 교회에 관한 것이었다.

뮤어헤드는 교회의 담임 목사로서 토마스에게 부교역자로 사역해

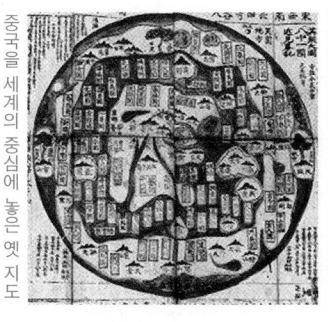

중국을 세계의 중심에 놓은 옛 지도

중화中華 사상 중국인이 스스로를 '중화'(中華), 즉 '세계의 중앙에 있고 가장 문명이 발달한 나라'라고 불러 민족의 우월성을 자랑하는 사상을 말한다. '중화'에서 '중'(中)은 지리적·문화적으로 '중앙'이라는 의미이며, '화'(華)는 '뛰어난 문화'를 의미한다. 이는 자기 나라를 존중하고 주변 민족을 오랑캐라 하여 천시했다는 면에서 화이(華夷) 사상이라고도 한다. 통일된 민족 문화가 형성된 춘추 전국 시대에 일어나 오랫동안 한족(漢族)의 사상의 기본이 되어 왔다. 이 중화 사상이 다른 종족의 문화를 인정하는 것은 그 문화 고유의 가치를 인정하기 때문이 아니라 언젠가는 중화 문화에 동화될 가능성이 있기 때문이었다.

주기를 원했다. 그러나 영국인뿐 아니라 중국인 교인도 점점 늘고 있었기 때문에 토마스는 중국인 교인들이 원하는 것처럼 중국인 목사가 담임을 하고 자기는 선교사로서 선교에 전념하여야 한다는 의견이었다. 다시 말하면 '뮤어헤드의 교회'가 아니라 '선교 교회'가 되어야 한다는 것이었다.

둘째는 재정에 관한 문제였다.

뮤어헤드는 담임 목회자로서 선교비 외에 사례비를 받고 있었다. 그런데 토마스에게는 부교역자로서 사역해 주기를 원하면서도 사례비는 지급하지 않았다. 물론 토마스가 사례비를 원했던 것은 아니었지만, 어쨌든 토마스는 뮤어헤드의 재정이 깨끗하지 않다고 판단했던 것 같다.

거기에다가 뮤어헤드는 그의 기대와 달리 토마스가 중국인 예배에 참석하자 영어 예배에 참석하지 않으면 봉급 지급을 중단하겠다고 위협 아닌 위협까지 하였다.

셋째는 선교 사역이 재정 문제와 얽히는 문제였다.

중국 고위 관리들은 영국인이 중국인들을 교육할 수 있는 영화英華 사립 학교를 세우기를 원했다. 뮤어헤드는 토마스에게 그 학교의 교장이 되어 달라고 부탁했다. 명문 사립 학교 출신에 교사 근무의 경험이 있는 그가 적격자라고 판단했던 것 같다. 봉급은 오전 근무에 연봉 500 파운드로 책정되었다. 그런데 조건이 있었다. '이 학교에서는 기독교 신앙에 관하여 언급해서는 안 된다.'는 것이었다.

이에 대해 토마스는 세 가지 이유를 들어서 거절하였다. 나는 돈을 원하지 않으며, 선교사임에도 불구하고 복음을 전하지 못하는 교사가 되어 속박받고 싶지 않으며, 런던 선교회의 허락이 없이는 일할 수 없다는 것이었다.

넷째는 집에 대한 문제였다.

애초에 토마스 내외는 상하이에 도착하면 영국 건축 회사인 맥거원McGowan 회사에서 지은 새 집에 입주하기로 선교회와 약속하고 영국을 떠났었다.

윌리엄 뮤어헤드

그러나 도착하고 보니 이미 그 집에는 뮤어헤드의 가족이 들어가 지내고 있었고, 결국 토마스 내외는 불가피하게 한 지붕 아래 두 가족이 사는 불편을 감수할 수밖에 없었다.

처음에는 아무런 불평 없이 지냈으나, 캐롤라인이 고인이 된 후에 뮤어헤드 부인이 방 두세 개를 더 쓰겠다고 해왔을 때 그 무례함이 토마스의 쓰린 상처에 어떤 독이 되었을지는 익히 짐작이 된다.

집을 거의 모두 뮤어헤드의 가족이 쓰게 되었던 셈인데, 토마스는 그것까지도 별말 없이 수락했다. 그런데 문제는 토마스의 친구인 영국군 장교, 우드Wood가 토마스가 출타한 사이에 찾아오면서 비어져 나왔다. 뮤어헤드 부인은 우드를 박대하고 불손하게 대하였으며 그 집에 대해서도 전적으로 자기네 집이라고 말했던 것이다. 물론 나중에 사과를 받기는 하였으나 토마스의 마음이 불편했을 것

인도에 파견된 런던 선교회 여선교사

은 자명하다.

다섯째는 아내 캐롤라인의 죽음에 대한 뮤어헤드의 부당한 태도에 관한 것이었다.

뮤어헤드는 캐롤라인이 임종할 때 자신이 많은 부분을 도와주고 배려했는데도 토마스가 그 은혜를 알지 못한다고 비난했다. 하지만 토마스의 생각은 달랐다. 그가 보기에는 생전의 캐롤라인은 뮤어헤드 부인으로부터 이모저모로 괴롭힘을 당했고 또 사경을 헤맬 때도 뮤어헤드 부부로부터 무성의한 대접만을 받았을 뿐이었다. 아내의 죽음 직후 걷잡을 수 없는 슬픔과 의혹에 빠졌던 토마스는 그녀의 죽음의 원인을 찾다가 뮤어헤드 부부의 무관심과 방치에 대해 분노했었던 것 같다.

이 모두는 나약한 인성으로 말미암아 선교지에서 언제나 당면할 수 있는 문제들이었다. 그러나 오해는 오해를 낳았고, 이 문제는 토마스와 뮤어헤드 두 사람의 차원을 넘어 중국에서 사역하는 런던 선교회* 소속 선교사들 사이에서 큰 이슈가 되었다. 꼭 호사가가 아니더라도 토마스를 동정하는 측과 뮤어헤드를 변호하는 측으로 양분되어 한번씩은 거론할 정도로 잘 알려진 논쟁거리가 되었다.

런던 선교회 London Missionary Society　1795년 영국에서 회중 교회, 성공회, 장로 교회, 감리 교회 신도들이 연합해서 설립한 해외 선교 단체이다. 회원은 각 교회의 대표자들이 모인 것이 아니라 각자가 개인 자격으로 참여하여 구성되었다. 1796년 첫 선교사단 29명을 선발하여 타히티 섬에 보냄으로써 해외 선교를 시작하였다. 선교사들은 어떤 교파 형태도 취하지 않았으며, 개종자 스스로가 교회를 선택하도록 한다는 원칙을 지켰다. 이후로 인도와 아프리카 등지에서 활발하게 활약하였고, 중국에서는 1842년 아편 전쟁 직후 체결된 난징(南京) 조약에 따라 선교 사업을 시작했다.

사실 선교사들이 영혼을 구하기 위한 보다 근본적인 문제가 아니라 일상의 작은 문제들로 인하여 부름 받은 바 사역에 제대로 임하지 못하고 상처를 안은 채 선교지를 떠나는 경우는 오늘날에도 얼마든지 볼 수 있는 일이다.

타히티에 파견된 런던 선교회 선교사들

토마스와 뮤어헤드 각각의 입장이나 상황은 보기에 따라 모두 이해될 수도 있는 것이다. 선교지의 현실은 본국에서 생각하는 것처럼 그렇게 낭만적이지만은 않았다. 20대의 젊은 나이에 이제 막 선교사 생활을 시작한 토마스와 이미 산전수전을 두루 겪으며 17년이나 사역해 온 뮤어헤드 사이에 차이와 몰이해가 있는 것은 어쩌면 당연한 일인지도 몰랐다.

둘 모두 휘기보다는 부러지는 강한 성격인데다가 선교 전략이나 그 기반이 되는 가치관만 해도 상이했다. 토마스는 현지인들을 이해하고자 노력했으며 그들의 생활 방식을 따르고자 했다. 다시 말하면 선교의 상황화를 실천해 가고자 했다. 반면에 뮤어헤드는 영국 교회의 모델을 중국에 적용시켰다.

많은 부분에서 두 사람의 견해 차이는 누가 바르고 누가 잘못되었다는 '옳고 그름'의 문제가 아니라 서로가 같지 않다는 '다름'의 차원인 것을 알 수 있다.

"뮤어헤드의 독단적이고 월권적인 전횡과 보다 쾌적한 곳으로 가서 사역하고 싶다는 생각들 때문에 사임을 하게 되었습니다. 이미 지역 위원회에 사임서를 제출했으며 승인을 받았습니다."
_로버트 저메인 토마스

런던 선교회의
울타리를 벗어나

    토마스는 심정적으로나 현실적으로나 이제 더 이상 상하이에서 사역할 수가 없었다. 자신은 조용히 중국인들을 위하여 사역하기를 원했지만 상황은 그렇게 전개되지 않았다.

    캐롤라인을 잃은 고통에 겨워 이미 다른 사역지로 가게 해달라고 요청한 그였지만 런던 선교회로부터는 여전히 아무런 응답이 없었다. 영국을 떠나기 전 이사회에서 토마스는 본인이 원한다면 여름이 지나서 다른 사역지로 갈 수 있다는 내용을 확인했었다. 그러나 이사회 측에서 토마스가 문제를 일으키고 있다고 판단했던 것인지 약속은 지켜지지 않고 있었다.

    무엇보다도 강단 있던 토마스의 건강에 적신호가 찾아왔다. 중국으로 떠나기 전에는 누구보다도 건강했던 그였다. 그러나 아내의 갑작스런 죽음과 이어서 겪은 동료와의 갈등, 그리고 빈번한 전도 여행으로 인한 잦은 병치레는 그를 점차 지치고 쇠약하게 하였다.

기근에 시달리는 중국인들에게 보급품을 전달하는 선교사(1912)

토마스에게 선교에 대한 비전을 제시했던 록하트 박사가 상하이에서 그를 만난 후 건강을 위해서라도 그를 다른 사역지로 가게 해야 한다고 이사회에 강조할 정도였다.

당시 토마스가 그의 부모에게 보낸 편지에도 이에 대한 언급이 있다.

> "2주 전에 영국으로 돌아간 록하트 박사는 저를 한커우로 보내라고 이사회에 재촉했습니다. 제 건강을 위해서는 다행이라고 생각합니다."

자기가 태어나고 자란 고향을 떠나 다른 나라에서 산다는 것은 언제나 문화 충격을 수반한다. 어릴 때부터 배워 온 지침들이 더 이상 통용되지 않을 때 경험하는 방향 감각의 상실이 바로 문화 충격이다. 이런 충격*은 자신이 확실하다고 여겼던 기대들이 좌절되는 경우 이제는 스스로 삶을 통제할 수 없는 것처럼 느껴지기에 오는 것이다.

선교사와 문화 충격 선교사는 타문화권에 들어가서 선교 활동을 하게 되므로 다른 문화에 처음 접했을 경우에 받는 혼란, 즉 '문화 충격'(culture shock)을 겪게 된다. 방향 감각의 상실, 고도의 불안, 좌절감, 스트레스 등으로 나타나는 이 충격은 실제적인 것이나 정복될 수 있다. 허버트 케인(Herbert Kane)은 선교사가 문화 충격을 극복하는 비결을 아래와 같이 소개하고 있다. 1. 예수님과 성육신을 기억하라. 2. 문화 충격이란 정상적인 반응임을 인식하라. 3. 다른 사람들이 극복해 내었다는 것을 기억하라. 4. 가능한 한 빨리 언어를 배우라. 5. 현지 사람들의 사회 생활에 참여하라. 6. 타문화 속에 있는 좋은 점들을 찾으라. 7. 본국 생활에 대해 잊어버리라. 8. 하나님의 은혜를 의지하라.

이런 방향 감각의 상실은 스트레스를 낳고 스트레스는 몸에 화학적 불균형을 초래하여 분비선 등 신체 여러 기관의 기능을 떨어뜨린다. 그러면 신체는 평상시와 달리 병균에 대한 저항력이 약해지고 결국 쉽게 질병에 걸리게 된다.

또한 스트레스의 가장 심각한 결과 중 하나는 실패감이다. 낯선 문화에서 겪는 문제를 해결하지 못하면 계속 밀려오는 혼돈된 상황과 새로운 방식을 배워야 하는 긴장으로 인하여 당황하게 된다. 그에 따라 심리적 박탈감과 패배 의식을 갖게 된다.

더구나 선교사들은 비현실적인 기대감으로 늘 짓눌림을 받는다. 선교사는 어떠한 희생도 감수하는 순교자, 결코 죄를 짓지 않는 성자, 뛰어난 설교자, 모든 장애를 극복하는 탁월한 사역자 등 참으로 여러 모로 기대의 대상이 된다.

선교사가 힘있게 발전적으로 사역할 때 그를 향한 지대한 관심은 부담스럽게 여겨지지 않을 수도 있다. 그러나 인간 관계가 힘들어지고 사역에 진전이 없으면 후원을 받는다는 것 자체도 선교사에게는 스트레스가 될 수 있다. 더군다나 현실로 돌아와 자신이 지극히 평범한 사람임을 깨달을 때 그 괴리감으로 인한 심각한 고민에 시달리게 되는 것

옛 즈푸의 서양인 거리

즈푸 芝罘 중국 산동 성(山東省) 북부 해안의 항구 도시이다. 이 곳 항구의 보호막 구실을 하고 있는 섬의 이름을 따서 즈푸라고 불렸으나, 현재는 옌타이(煙臺)라는 이름을 갖고 있다. 이 이름은 명나라 때 왜구의 내습을 알리기 위해 세운 봉화대에서 유래하는 것이다. 본래는 지방의 한 어항(漁港)에 불과했지만, 1858년 텐진 조약으로 칭다오(靑島)와 다롄(大連)이 무역항으로 개항할 때까지 산동 성 유일의 문호였으며, 1863년 조약항의 하나로 대외 무역에 개방되었다. 1876년 영국과 중국 사이에 즈푸 조약이 맺어짐에 따라 번창한 항구 도시가 되었다.

은 결코 놀라운 일이 아니다.

더 나아가서 서로 신뢰하고 의지하던 배우자나 자녀를 잃는 고통을 맛보게 된다면 그 심리적, 신체적 긴장과 후유증은 선교사에게 결코 무시할 수 없는 난관이 될 것이다.

1900년경 엽서의 즈푸 풍경

토마스도 예외는 아니었다. 그 역시 피와 살을 가진 인간이었다. 극단적으로 자신을 몰고 가는 여러 상황 속에서 자기 연민이나 자포자기에 빠지지 않으려면 주어진 환경에서 탈피하고 새로운 사역지를 찾을 필요가 있었다. 그리하여 그는 결단을 내려 런던 선교회에 사임서를 제출하였다.

그리고 상하이에 온 지 1년이 조금 넘는 1864년 12월 17일, 연이은 고통과 갈등으로 야윈 어깨를 다시 한번 추스르고 그는 새로운 일자리가 있는 즈푸*로 떠났다.

토마스 선교사가

사임서를 제출한 후 즈푸에서 런던 선교회로 보낸 편지 중에서

존경하는 티드맨 총무님께

지난번 편지를 보낸 이후로 편치 않은 시간을 보냈습니다. 뮤어헤드가 제게 한 행동 때문에 화가 나고 괴로워서 모든 상황을 침착하고 냉정하게 설명할 수가 없었습니다.

이 곳에 도착한 이후로는 윌리엄슨과 다른 지부 선교사들, 그 외 제가 뮤어헤드와 맞섰던 것을 아는 이들과 자주 만나고 있습니다. 그들은 뮤어헤드에 대한 저의 입장을 이해하면서도 여전히 제가 너무 서둘러서 사임하고 다른 일을 시작하지 않았는가 하고 나무라고 있습니다. 하지만 내용을 아시면 제 입장을 이해해 주시리라 믿습니다.

……이 모든 일들은 단기간에 일어났습니다. 저는 이를 데 없이 거칠고 무례한 대우를 받았습니다. 제 사정을 아는 친구 하트 Robert Hart는 만일 뮤어헤드와 헨더슨이 월급 지급을 중단한다면 다른 일자리를 찾아 주겠다고 했습니다.

저는 결국 사임을 하였고 하트는 제게 즈푸에서 통역관의 일을 하게

Letter

19세기 중국의 관리

19세기 중국 왕족의 행차

해주었습니다.

　……이 자리_{즈푸 중국 세관에서의 통역관 및 감독관 지위}는 중국 고위 관리들과 교류할 수 있는 좋은 기회라고 생각합니다. 그러나 이 일은 중국인들을 위해서는 의미 있는 일일지 모르지만 선교사의 일은 아닌 것 같습니다.

　진지하게 말씀드리는데, 이 일이 마음에 듭니다. 저는 중국 사람들과 중국어가 좋습니다.

　저는 지난달에 그 슬프고 실망스러운 일이 일어나기 전에는 런던 선교회를 떠난다는 생각을 해본 적이 없습니다.

　……지난 시간에 대하여 이사회에 용서를 빕니다. 저를 다시 받아 주실 수 있는지 알고 싶습니다. 저급하거나 불순한 동기로 사임했던 것은 아닙니다만 제가 성급하였음을 고백합니다. 지나치게 경솔하고 독단적이었음을 인정하는 바이며 잘못을 뉘우치고 있습니다. 송구스럽

1880년대 상하이의 외국인 거주지

1889년 즈푸 항에 정박한 중국 배들

지만 혹시라도 이번 일을 아는 사람이 제가 사표를 낸 것에 대하여 비아냥거리더라도 염두에 두지 말아 주시기를 부탁드립니다.

  영국 영사 모리슨John Robert Morrison, 중국 선교의 선구자인 로버트 모리슨의 아들은 제가 직장에서 좋은 일을 많이 할 수 있을 것이라고 확신시켜 주었습니다.

  하나님의 섭리로 제게 주어진 시련과 배움의 시간들은 저로 하여금 다시금 은혜를 맛보며 겸손하도록 했습니다. 아직은 부족하지만 주님이 힘을 주셔서 신실한 종이 되기를 원합니다. 다른 단체에 소속될 수

1854년 상하이 선창 풍경

도 있겠으나 저는 무엇보다도 여러분과 연결된 것을 특권이자 영광이라고 생각하고 있습니다. ……더 이상의 말은 아끼고, 오로지 인내하면서 이사회의 결정을 기다리겠습니다.

그 동안 시간을 낭비했던 것은 아니라고 생각합니다. 중국어 공부의 기본은 다른 전문 분야들과 같습니다. 세관에 도착하자마자 저는 선교사의 마음가짐을 가지고 일을 시작했습니다. 저의 가치관에는 한 치의 변함도 없습니다.

항상 베풀어 주시는 친절한 배려에 감사드리며…….

당신의 신실한 로버트 저메인 토마스
1865년 1월 31일 즈푸

STORY 22

"우리는 서로 말로서 화해를 했습니다. 물론 그 이전에 먼저 마음으로 화해하였음을 말씀드리게 되어 기쁩니다. 저는 뮤어헤드를 사랑합니다. 그리고 그의 사역과 높은 지위를 존중합니다."
_로버트 저메인 토마스

먼저 가서
형제와 화목하고

선교사들이 혹은 목회자들이 서로 의견이 다른 것이 전적으로 잘못된 것일까? 성경에서도 사역자 사이에서 의견이 갈리고 싸움이 일어난 경우를 볼 수 있다. 바울과 바나바의 갈등이 바로 그런 경우다.

"서로 심히 다투어 피차 갈라서니 바나바는 마가를 데리고 배 타고 구브로 가고 바울은 실라를 택한 후에 형제들에게 주의 은혜에 부탁함을 받고 떠나" 행 15:39-40.

1차 전도 여행에서 소아시아 전도의 초석을 놓았던 사도 바울과 바나바는 그간의 전도의 열매였던 각 지역의 교회들을 방문하고 격려하기 위하여 2차 전도 여행을 계획한다.

그런데 이 때 1차 여행에 동반했다가 힘들다고 돌아간 마가를 2차 여행에 데려가느냐 마느냐의 문제로 바울과 바나바는 의견을 달리했다. 데리고 가자는 바나바와 그럴

루스드라에 간 바울과 바나바(오른쪽 두 인물)

수 없다는 바울은 끝내 심히 다투었고 결국 바나바는 마가와 함께 구브로로, 바울은 실라와 함께 더베로 떠났다.

그런데 주목할 사실은 성경은 그 일에 대하여 잘잘못을 따지지 않으며 누구의 손도 들어 주지 않는다는 것이다. 더군다나 그들이 갈라섰음에도 불구하고 주의 복음이 아시아에서 놀랍도록 확장되어 갔다는 점이다.

바나바는 사람 중심의 사역자였다. 그는 어떤 실수라도 용납하며 사람을 키우고자 했다. 사실 바울도 바나바에 의해서 사역자로 세움받은 사람 중 한 명이었다. 사도들 모두가 바울의 개종을 믿지 못하고 배척했을 때 바나바는 그를 다시 데리고 가서 자세하게 소개했던 사람이었다. 그로부터 십수 년이 지나 고향 다소에서 조용하게 보내고 있는 바울을 권면하여 안디옥 교회의 사역자로 세운 사람도 바나바였다.

반면에 바울은 일 중심, 사역 중심의 사람이었다. 이방인에 대한 베드로의 행동이 잘못되었다 싶자 망설이지 않

고 비난하였으며, 일을 위해서라면 자신을 세워 주었던 바나바와도 갈라설 수 있었다.

하지만 이런 바울도 변모한다. 인생의 종착지에 다다랐음을 깨달았던 것일까? 아니면 오랜 사역을 통해 쌓인 연륜 때문이었을까? 로마 감옥에 수감된 바울은 디모데에게 마가를 데리고 오라고 부탁했다.

"누가만 나와 함께 있느니라 네가 올 때에 마가를 데리고 오라 저가 나의 일에 유익하니라" 딤후 4:11.

바나바가 떠난 지금 늦게나마 바나바와 화해하고, 문제가 되었던 마가를 통하여 바나바를 향한 자신의 존경과 사랑을 표시하고자 했던 것이다.

토마스는 상하이를 떠났다. 스스로 떠났다기보다는 어쩔 수 없이 떠나야 했다고 하는 편이 맞을 것이다. 물론 런던 선교회도 사임했다. 선교회가 토마스와 록하트의 제안을 받아들여 새로운 사역지를 개척했다면 그가 사임하는 일은 일어나지 않았을 것이다.

그러나 선교회는 침묵하였다. 침묵은 방조가 되었고 결국 그는 떠날 수밖에 없는 상황에 직면하게 되었다. 그러나 토마스는 선교회에 대하여 단 한마디도 불평

1900년경 상하이 꽃축제 풍경

하지 않았다. 그런 힘든 상황에도 주님의 뜻이 있다고 확신했기 때문이었다. 사실 그가 즈푸로 갔기에 조선인들을 만났고 또 조선으로 가는 길을 개척할 수 있었다는 것을 생각하면 납득이 된다.

토마스가 통역관으로 근무하던 당시의 즈푸

토마스는 앞뒤가 막힌 사역자는 아니었다. 선교사가 직업을 가지고도 충분히 사역할 수 있다고 믿는 사람이었다. 140여 년 전 당시 이런 사고를 가진 선교사는 흔치 않았다. 토마스는 하트의 제안을 받아들여서 즈푸의 세관에 통역관 및 감독관으로 갔다.

즈푸에서의 생활은 즐거운 것이었다. 토마스는 선교회로 보내는 편지에서 새 일이 마음에 든다고 밝히고 있다.

세관 통역관의 봉급은 선교사 때보다 훨씬 많았다. 최소한 두 배는 되었기에 토마스는 돈 때문에 그 자리로 갔다는 비난을 받기도 했다. 그는 그 돈을 모아 훗날 조선에 갈 때 사용하였다. 또한 고향에도 일부 보내어 가사에 도움을 주기도 했다.

토마스는 즈푸에서도 일과 사역에 전념하였다. 주일이면 중국인 교회 설교를 하였고 영국인 교회 담임도 맡았다. 새로운 환경에서 바쁘게 지내는 중에도 토마스의 마음 깊숙한 곳에는 해결하지 못한 문제에 대한 부담이 계속 남아 있었다. 바로 뮤어헤드와의 관계였다. 시간이 지날수록 이 문제는 그를 괴롭혔다.

이즈음 런던 선교회로 보낸 서신들을 보면, 그의 심경에 나타난 변화와 뮤어헤드와의 화해를 위한 시도가 엿보인다.

"하나님의 섭리로 제게 주어진 시련과 배움의 시간들은 저로 하여금 다시금 은혜를 맛보며 겸손하도록 했습니다. 아직은 부족하지만 주님이 힘을 주셔서 신실한 종이 되기를 원합니다" 1865년 1월 31일.

"뮤어헤드는 자신의 관점에서 글을 썼고 저도 그렇게 했습니다. 그의 편지를 여기에 동봉하겠습니다. 우리는 서로 말로서 화해를 했습니다. 물론 그 이전에 먼저 마음으로 화해하였음을 말씀드리게 되어 기쁩니다. 저는 뮤어헤드를 사랑합니다. 그리고 그의 사역과 높은 지위를 존중합니다" 1865년 5월 15일.

"뮤어헤드와 저는 성숙하게 서로에 대하여 용서를 빌었습니다. …… 저는 하나님의 은혜로 인하여 진정을 다해 착실하게 주님의 사역에 전념할 것입니다" 1865년 7월 28일.

토마스는 진심으로 후회하고 뮤어헤드와 화해하였다. 그는 또한 선교회를 사임한 것에 대해서도 뼈저리게 후회하면서 자신을 다시 받아달라고 간곡하게 호소하였다.

그가 즈푸로 온 지 한 달 만에 일어난 일이었다.

"지난 시간에 대하여 이사회에 용서를 빕니다. 저를 다시 받아 주실 수 있는지 알고 싶습니다. 저급하거나 불순한 동기로 사임했던 것은 아닙니다만 제가 성급하였음을 고백합니다. 지나치게 경솔하고 독단적이었음을 인정하는 바이며 잘못을 뉘우치고 있습니다."

토마스는 결코 이상적인 선교사가 아니었고, 영웅적인 선교사는 더더욱 아니었다. 그는 타고난 기품과 교양으로 다져진 영국 신사의 전형이긴 하였으나 젊은이답게 담대하면서도 경솔한 기질과 성향을 지녔다는 면에서는 평범한 청년이었다. 런던을 떠나기 전에 새 옷과 신발을 사며 들떠 즐거워하고, 선교사들 사이에서 갈등을 일으키며, 어긋난 인간 관계로 괴로울 때도 가족이 염려할 만한 글은 한 줄도 써 보내지 못하는, 사랑하는 아내가 죽었을 때는 제정신이 아니었던 사람이었으며, 성격이 급하여 주변 사람을 불안케 했던 어떻게 보면 어디서나 흔히 볼 수 있는 젊은이였다.

그로 하여금 다른 이와 진정 달라 보이게 했던 것은 지성도, 미모도, 젊음도, 언변도 아니었다. 다만 그를 사로잡은 복음 전도에 대한 강력한 열정이, 다시 말해 자신의 젊음과 생명을 던질 각오까지 하게 한 선교에 대한 비전이 그를 비범해 보이도록 했던 것이다. 그리고 그것이 바로 그로 하여금 하나님께 쓰임받는 이가 되게 했던 것이다.

PART 4

눈 기약 능히 지킨

어린 매화

어리고 성긴 가지의 기약 | 선택받은 섬, 백령도 | 3천 년 고도(古都), 베이징의 선교사

안민영(安玟英, 1816-?)은 조선 후기의 가객으로, 서얼 출신이나 성품이 고결하고 명예나 이익을 찾지 않는 인물이었다. 1876년 스승 박효관(朴孝寬)과 함께 조선 역대 시가집 『가곡원류』(歌曲源流)를 편찬하여 근세 시조 문학을 결산하는 데 공헌하였다. 아래 작품은 그의 『매화사』(梅花詞) 8수 가운데 두 번째 시조로 설중매의 강인한 의지와 품격을 노래하고 있다.

어리고 성근 매화 너를 믿지 않았더니
눈 기약 능히 지켜 두세 송이 피었구나
촉(燭) 잡고 가까이 사랑할 제 암향부동(暗香浮動)하더라

"저는 조선이 현재 어떤 나라인가 하는 것보다 앞으로 어떤 나라가 될 수 있는가 하는 점을 강조하고 싶습니다. 분명히 조선은 큰 역량을 지닌 나라입니다. 조선인들은 절대로 평범한 사람들이 아닙니다. 그들은 부지런하고 빈틈이 없으며 영리하고 게다가 단호한 성품을 지니고 있습니다."

_ 알렉산더 윌리엄슨

어리고 성긴 가지의 기약

1865년 이제 막 추위가 가시고 초여름이 시작될 무렵, 스코틀랜드 성서공회 소속 선교사인 알렉산더 윌리엄슨 Alexander Williamson 은 중국 즈푸芝罘 항에서 수도인 베이징으로부터 오는 배를 기다리고 있었다.

마침 중국 산둥山東 반도와 조선 서해안을 오가며 은밀하게 무역을 하는 조선인 두 명을 실은 작은 배가 항구로 들어오고 있었다. 윌리엄슨은 자그마한 체구를 흰옷으로 감싼 그들이 누구인지 궁금하였다. 결국 안면이 있던 한 중국인 고관으로부터 그 두 사람을 소개받은 윌리엄슨은 인사를 나누고 그들을 저녁 식사에 초대하였다.

당시 즈푸에서는 미국 장로 교단에서 파송한 헌터 코빗Hunter Corbett*

선교사 부부와 런던 선교회 소속이었다가 지난해 12월 사임하고 세관에서 통역관으로 일하고 있는 토마스 선교사, 그리고 알렉산더 윌리엄슨 선교사 부부, 이렇게 5명의 선교사가 사역하고 있었다.

윌리엄슨과 토마스는 요나단과 다윗이 그러했듯이 깊은 신뢰와 굳은 결속력으로 묶여 있는 사이였다. 토마스가 즈푸에 오게 된 것도 윌리엄슨에 대한 신의 때문이었다. 윌리엄슨은 토마스 선교사가 소속되어 있던 런던 선교회 상하이 지부에서 사역하던 중 건강이 나빠져 고향 스코틀랜드로 돌아갔다가 6년 만에 다시 중국에 온 참이었다. 그는 당시 스코틀랜드 성서공회의 후원을 받아서 즈푸에서 사역하고 있었다.

토마스와는 영국 그레이브젠드 항에서부터 4개월 반의 항해를 함께 하면서 친해졌다. 그 친분은 1864년 여름 토마스가 몇 달간 베이징을 다녀오면서도 즈푸에 들려 윌리엄슨과 교제하다가 상하이로 돌아간 적이 있을 정도였다. 토마스가 상하이에서 여러 가지 문제에 부딪혔을 때 제일 먼저 도움을 준 사람이 윌리엄슨이었다. 그는 토마스가 선교회로부터 오해받고 있을 때 편지를 보내 모든 오해가 풀리도록 도와주었다. 당시 토마스에게 무엇보다도 필요했던 위로와 격려를 아낌없이 제공했던 이도 바로 그, 윌리엄슨이었다.

헌터 코빗

헌터 코빗 Hunter Corbett, 1835–1920 미국 장로 교회 선교사로서 1863년에 중국 상하이로 파송되었다. 이듬해 산동 성 즈푸로 이동하여 중국 중서부 지방선교를 시작함으로써 그 지역에 대한 개신교 선교의 기초를 다졌다. 한국 선교에도 관심을 가져 한국어를 배우면서 선교의 기회를 기다리던 중 토마스 선교사 순교 소식을 접하고, 제너럴셔먼 호 사건의 진상을 조사하고자 파견된 워추세트 호에 통역으로 탑승하게 되었다. 그의 한국 체류 기간은 7일에 그쳤으나 그 동안에도 만나는 한국인들에게 성경을 나누어 주며 전도하려 애썼다.

그 후 토마스는 즈푸 주재 중국 해양 세관 검사감이었던 로버트 하트Robert Hart*의 제안으로 즈푸 세관의 통역관으로 일하게 된다. 당시 즈푸는 무척 번잡한 항구였다. 1860

로버트 하트의 취주악단

년 영불 연합군에 의해 점령되고 1863년 이래 조약항의 하나로 개방된 이 항구에는 전 세계의 배들이 정박해 있었다.

런던 선교회를 사임하고 상하이를 떠나온 토마스는 직책상으로는 즈푸 세관의 통역관이었으나 선교의 열정은 여전했다. 그는 바쁜 와중에도 수하에서 일하는 한 중국인에게 복음을 전하여 완전히 개종하도록 하였으며, 주일날이면 윌리엄슨과 번갈아 가면서 중국인 예배에서 설교하였다. 또한 영국인 교회에서는 사례비도 없이 사역하는 등 열과 성을 다해 선교사의 역할을 다하고 있었다.

그 날 윌리엄슨은 토마스에게도 함께 저녁 식사를 하자고 초청하였다. 그렇지 않아도 즈푸에 온 이후로 많은 조선인들을 보아 온 토마스는 윌리엄슨에게 초대받은 사람들과 대화해 보고 싶은 생각이 있었다. 즈푸는 한반도에서 볼 때 가장 가까운 중국 항구로 조선의 섬인 백령

로버트 하트

로버트 하트 Robert Hart, 1835 – 1911 북 아일랜드 출신의 외교관으로, 청조(淸朝)에 고용되어 중국 세관의 운영을 책임짐으로써 적절한 관세율을 요구한 서양 국가들을 만족시켰다. 1854년부터 중국 주재 영국 공사관 관리로 근무하다가 1859년 광동 해관(海關)의 부세무사가 되었고 1863년에 제2대 총세무사가 되었다. 그 후 1908년 귀국할 때까지 45년간을 그 직위에 있었다. 청 황실의 두터운 신임을 받은 그는 황실 고문으로서 중요 외교 문제에 여러 번 관여하였다. 1882년 기사 작위를 받았으며 1893년에 준남작 작위를 받았다.

어리고 성긴 가지의 기약 | 181

귀츨라프

도와는 200킬로미터 정도의 거리밖에 떨어져 있지 않았다. 이런 지리적 위치를 활용하여 조선인들은 은밀하게 즈푸항을 오가며 무역을 하고 있었다. 조선 정부에서는 외국과의 모든 무역을 금하고 있었으나 발각만 되지 않는다면 중국과의 교역은 눈감아 주고 있었다.

조선에 대한 토마스의 관심은 그가 런던 대학교 뉴칼리지에 다니고 있을 때부터 있던 것이었다. 학생 시절 그는 조선 해안을 잠시 방문했던 독일 출신 선교사 귀츨라프Karl Friedrich August Gützlaff가 쓴 책 중에서 조선에 관한 부분을 밑줄을 그어 가며 읽은 적이 있을 정도였다.

윌리엄슨의 집에서 만나기로 한 두 명의 조선인은 천주교 신자였다. 토마스가 설레었듯이 흰옷 입은 그 두 사람도 목회자 집에 초대받는 것에 상당히 기대하는 기색이었다.

그 날 오후 5시에 조선인들이 윌리엄슨의 집에 도착하였다. 집에 들어서면서 조선인들은 습관대로 신발을 벗으려고 하였으나 윌리엄슨이 만류하고 집안으로 안내하였다. 이미 와서 거실에서 기다리고 있던 토마스는 그들과 중국어로 인사를 나누었다.

잠시 후에 윌리엄슨과 토마스 그리고 김자평金子平*이라고 밝혀진 인물과 또 한 명의 조선인은 식탁에 마주 앉아 함께 식사를 하게 되었다. 동양 문화에 익숙했던 윌리엄슨의 아내 이사벨라는 주방을 오가며 조용히 시중을 들었다.

윌리엄슨은 조선인들에게 식사 기도를 해달라고 부탁하였다. 그러자 그 중 한 명이 망설이지 않고 조선말로 기도를 올렸다.

그 두 조선인은 묵주와 십자가와 천주교인을 상징하는 메달을 옷 속에 감추어 걸고 있었다. 윌리엄슨이 예수님에 대하여 이야기할 때마다 그들은 머리 숙여 경의를 표하였으며 대화할 때 두 선교사를 향해 신부님이라는 호칭을 사용했다. 물론 그들은 천주교와 기독교의 차이를 알지 못하였으나, 예수님의 구속의 은혜를 믿는다고 하였으며 매일 하나님께 예배드리고 선하게 살고자 힘쓴다고 했다.

윌리엄슨은 조선인들이 자신들의 믿음을 자신감 있게 표현하고 드러내도록 거들었다. 식사를 마치고도 그들의 대화는 몇 시간 동안이나 계속되었다.

그 대화를 통해 윌리엄슨과 토마스는 조선의 천주교 신자가 5만 명이나 되며 11명의 천주교 선교사들이 활발하게 사역하고 있다는 것과 비록 지어진 교회당은 하나도 없지만 가정에서 미사를 드리며 복음에 관한 책들을 돌아가면서 읽고 있다는 귀한 사실들을 알게 되었다. 그

김자평 金子平, 1789 – 1868 흥선 대원군 시대의 천주교 신자로서 무역차 중국을 왕래하면서 여러 차례 중국에서 조선으로 들어오는 천주교 신부들을 안내하였다. 개신교 전래 과정에서도 일익을 담당하여, 중국 산동에서 만난 토마스 선교사를 1865년 황해도 앞바다로 안내하였다. 이듬해 토마스 선교사가 순교하고 그가 탔던 제너럴셔먼 호 사건의 진상을 조사하기 위해 1867년 미국 군함이 내한하자, 김자평은 그 군함에 있던 코빗(Hunter Corbett) 선교사에게 사건의 내막을 알렸다. 1868년 재차 파견된 미국 함대가 그 증언을 토대로 한국 정부를 추궁하자, 황해 감사의 명에 따라 체포되었고 1868년 4월 서양인과 내통한 혐의로 참수되고 말았다.

1900년대 조선의 가족 사진

두 조선인은 자신들의 믿음이 담겨 있는 교리 문답서를 보여주었다.

놀라운 이야기였다. 토마스는 가슴이 뛰었다. 무섭게 집중하여 두 조선인의 말을 듣는 그의 미간은 흥분하여 펴졌다 찌푸렸다를 반복하고 있었다. 신천지를 본 듯 그는 눈도 깜박이지 않고 그들의 말에 귀를 기울였다. 상하이에서 아내가 죽은 후 새로운 사역지를 찾아 이 곳까지 왔지만 세관에서 일하는 것보다 전적인 사역에 전념하고 싶었던 것이 그 동안의 마음이었다. 그렇지 않아도 세관에서 조선인들을 만나면서 조선에 대한 정보를 조금씩 수집하고 있던 차에 이 두 조선인과의 만남을 통하여 보다 구체적인 비전을 발견하게 된 것이다.

그 때까지만 해도 서구 세계에 잘 알려져 있지 않던 조선을 위하여 사역하고 싶다는 생각이 세부적인 틀까지 구상되면서 그를 사로잡기 시작했다. 그리고 결단을 내리자 그는 무엇보다도 조선을 한번 다녀와야겠다는 소망을 갖게 되었다.

그가 중국에서 본 조선인들은 중국인보다 강하고 단호한 의지를 가지고 있는 것처럼 보였으며 예의가 바르고 늘 흰옷을 입고 다니는 모습이 인상적이었다. 큰 역량을 지닌 민족이라는 첫 인상대로 복음의 씨앗이 풍성한 열매를 맺을 평범치 않은 땅이라는 생각을 지울 수 없었다.

　토마스는 윌리엄슨에게 복음을 전하기 위해 조선을 다녀오고 싶다는 제안을 했고 윌리엄슨은 그 제안을 흔쾌히 받아들이고 준비해 주기로 했다.
　만남과 작정이 순간에 이루어졌듯이 준비 역시 일사천리로 진행되었다. 토마스는 그 날 저녁 이후로 두 명의 조선인들과 정기적으로 만나며 조선말을 배우기 시작하였다.
　어리고 듬성듬성한 가지의 매화도 그 연약한 모습 내면에 눈이 내릴 때 꽃을 피우겠다는 강력한 의지와 약속을 지니고 있는 이치와 같은 것일까? 캐롤라인이 세상을 떠난 뒤, 그리고 뮤어헤드와의 고통스러운 관계로 방황한 이래로 처음 보이는 명민한 광채가 토마스의 눈동자에 떠올랐다. 그는 그 동안의 인간적인 번민과 슬픔을 압도하는 열정과 기대감에 몸을 떨었다.

"제가 기독교인인 이유는 제가 주님을 사랑하고 죄를 미워하며 하나님의 은혜 안에서 예수 그리스도의 삶을 따라가려고 노력하기 때문입니다."
―로버트 저메인 토마스

선택받은 섬, 백령도

김자평 등과 만난 이후로 사역의 방향이 분명해진 토마스는 평상시와 다른 활기로 충만해 있었다. 가슴 속에 소망이 불타는 자라면 으레 그러하듯이 열정적으로 자신에게 맡겨진 사무와 사역을 감당하였다. 조선 방문의 기대로 부푼 그는 조선말을 배우는 것을 낙으로 여길 정도였다.

1865년 7월 27일, 드디어 토마스는 지난 8개월 동안 몸담고 있었던 즈푸 세관 통역관 자리를 사임한다는 편지를 세관국으로 보냈다. 런던 선교회를 사임하고 상하이를 떠나온 지 8개월여 만의 일이었다.

윌리엄슨 선교사의 제안으로 이번 조선 전도 여행은 스코틀랜드 성서공회*의 대리인 자격으로 가기로 하였다. 다량의 한문 성경책과 기독교 서적을 보급받았으며 기본적인 약간의 경비 또한 스코틀랜드 성서공회로부터 지원받았다. 그러나 스코틀랜드 성서공회에서 제안한 사례비는 단호하게 거절하였다. 재정에 대한 그의 자세는 언제나 깨끗하고 분명했다. 이번 선교 여행은 그 동안 세관에서 근무하면서 모아놓은 자신의 재정으로 감당하고자 하는 것이 그의 생각이었다.

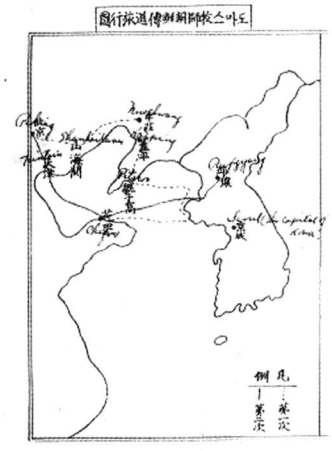

토마스 선교사 조선 전도 여행도(旅行圖)

그리고 8월 31일, 토마스는 영국 영사에게 여권을 발급해 줄 것을 요청하는 편지를 썼다.

당시에는 조선과 영국 사이에 어떠한 조약도 없었기에 조선을 여행하기 위한 여권을 신청할 수 없었다. 당시 조선은 외국인의 입국을 엄금하고 있었다. 따라서 토마스는 허베이 성河北省과 관둥關東 지역 등 중국 내 지역에 대해서만 여권을 신청하고 있는데, 이는 달리 조선으로 들어갈

스코틀랜드 성서공회와 한국 선교 스코틀랜드 성서공회는 영국 국내외에 성경을 공급·반포하기 위한 목적으로 설립된 대영 성서공회의 스코틀랜드 협회이다. 엄격한 초교파적 구성이 특징인 이 성서공회가 중국에서 한국 선교와 밀접한 관련을 가지게 된 것은 바로 토마스 선교사와의 조우와 협력 때문이다. 이 성서공회 소속 선교사였던 윌리엄슨은 토마스 선교사의 조선 선교를 격려했을 뿐 아니라 한국 성경 선교에서 획기적인 공헌을 한 스코틀랜드 장로교 목사 로스(John Ross)의 선교 방향에도 영향을 끼쳤다. 스코틀랜드 성서공회는 한국어로 성경을 번역하고 간행하는 일뿐 아니라 한글 성경을 매서하는 데도 지원하였다.

현재의 소래 포구

방법을 생각해 두었다는 것을 의미했다.

이 첫 조선 전도 여행에는 조선어를 가르쳐 준 김자평과 또 한 명의 조선인이 동행하기로 하였다. 타고 갈 선박은 중국인 우웬타이于文泰가 항해를 맡은 어선이었다. 김자평은 나이가 70이 넘은 노인이었으나 황해를 건너다닐 만큼 건강하였고, 또한 소래 해안에서 가까운 육도陸島 출신이었기에 누구보다도 서해안의 지리에 밝은 사람이었다. 토마스는 이 두 조선인과 우웬타이의 도움을 받아 철저하게 조선 방문을 준비하였다.

토마스는 9월이 되기를 기다렸다. 한국 서해안은 3월에서 8월까지가 성어기였기 때문에 그 기간에는 수많은 어선들이 모여들어 북새통을 이루었다. 따라서 정부에서는 이를 통제하기 위해 병선과 수군들을 총동원시켰고, 황해도 수군절도사가 직접 나와서 진두 지휘할 정도였다. 토마스는 이렇게 정부군이 삼엄하게 경계를 펼치는 시기를 피하고자 9월을 출발 시기로 삼았던 것이다.

드디어 그 날이 왔다.

1865년 9월 4일, 중국인 우웬타이가 항해하는 배에 두 명의 조선인과 함께 탑승한 토마스는 기도하는 심정으로 즈푸를 출발했다. 그리고 3, 4일경 후인 9월 8일 즈음에 백

령도에 도착하였다. 백령도는 중국
에서 뱃길로 조선으로 올 때 가장
먼저 만나는 섬이다. 대륙에서 조선
으로 들어오는 모든 배들이 처음
맞이하는 조선 땅이 바로 이 백령
도였다.

백령도 두문진

토마스 일행이 처음 정박한 곳은 백령도의 두문진 포구였다. 두문진은 백령, 대청, 소청 등 3진鎭에 둘러싸여 은신하기가 쉬웠기 때문이었다. 토마스는 그 동안 익혀 두었던 조선말을 조금씩 사용하면서 눈치 있게 복음을 전하였다. 각 군영을 지키던 진군鎭軍들이 그들 일행을 너그럽게 대해 준 것은 그가 타고 온 배가 중국 청나라의 배였고 우웬타이나 김자평이 그 곳의 지리와 사람들을 잘 알고 있는 덕분이었다. 토마스의 첫 조선 전도 여행은 이렇게 백령도에서 시작되었다.

오늘날 면적 45평방킬로미터밖에 되지 않는 작은 섬 백령도에 12개나 되는 교회가 있고 전체 인구의 65%가 기독교인인 것은 결코 우연이 아니라고 할 수 있다.

이렇게 해서 조선 땅에 복음을 전하기 시작한 토마스는 마침내 9월 13일 조선 본토에 상륙하였다.『조선 왕조 실록』에 의하면 그가 첫발을 내디딘 땅은 황해도의 창린도昌麟島 자라리紫羅里였다.

이런 정황이 기록된 문서가 있어 흥미롭다.

"배에 타고 있던 한 영국인이 모래사장에 종이 뭉치 하나를 던지고 남해를 향해 달아났다. 그 종이 뭉치 속에는 종이 한 묶음과 16권의 금서 禁書와 서양 달력이 있었다."

그 종이 묶음은 전도 책자이고 금서는 성경을 말하는 것이 아닐까? 토마스는 가는 곳곳마다 성경책을 나눠 주며 조심스럽게 전도를 하였다. 순조롭게 사역이 진행되자 토마스는 과감하게 한 가지 계획을 더 세웠다. 배를 타고 강을 거슬러 올라가 왕이 살고 있는 한양으로 가려는 것이었다. 우웬타이와의 계약 만료 기간이 다가오자 토마스는 그 대신 다른 조선인의 배를 구하여 그 일을 실행하고자 했다. 그런데 때마침 불어온 강풍으로 그가 탔던 조선 배가 파선되면서 결국 그는 한양으로 가려던 계획을 포기해야만 했다.

토마스는 이 첫 조선 여행에서 배를 세 번이나 갈아타야 했다. 처음 즈푸를 떠날 때 탔던 우웬타이를 선장으로 한 중국 배, 조선 연안에서 난파된 조선 배, 그리고 다시 중국으로 돌아갈 때 탄 중국 배였다. 마지막으로 탔던 배는 갈 길이 정해져 있었기에 그가 바라던 대로 한양으로 데려다 줄 수가 없었다.

토마스는 아쉬운 마음으로 조선을 떠나 만주의 피쯔워 貔子窩 항구에 도착했고 거기서 걷기도 하고 말을 타기도 하여 베이징으로 갔다. 조선

마적의 대표적 인물로 민주군 범이 된 장쭤린

마적 馬賊 청나라 말기부터 제2차 세계 대전에 걸쳐 중국 만주 지역에서 할거했던 기마 무장 집단이다. 지방의 악덕 관리나 군벌의 착취로부터 주민을 지키기 위한 중국 촌락 공동체의 자위 조직에서 그 기원을 찾아볼 수 있으므로 약탈 행위를 자행한 비적(匪賊)과는 그 성격이 다르다고 할 수 있다. 그러나 의리 있는 인협(仁俠) 집단이라고 불리며 엄격한 내부 군율을 자랑하기는 했으나 자기들의 세력 범위가 아닌 지역에 침입할 때는 비적과 다를 바 없는 약탈과 폭행을 저질렀기에 종종 심각한 폭력 집단으로 여겨졌으며, 일본이 만주국을 세워 대륙 침략의 발판을 삼았던 1930년대 말부터는 토벌의 대상이 되었다.

에서 외국인에 대한 적대감에 시달리고 20년 만에 불어 닥친 강풍으로 배가 난파되는 등 어려움을 겪은 데다가 만주에서는 당시 그 지역에 횡횡하던 마적들* 때문에 죽음의 고비를 넘기면서 끝낸 여행이었다. 그가 베이징에 도착한 때는 1865년 9월 4일 즈푸 항을 떠난 지 꼭 4개월 만이었다.

베이징에 도착했을 때 토마스에게 기쁜 소식이 기다리고 있었다. 고대하던 대로 런던 선교회 선교사로 재임명되었으며, 베이징 지부로 발령이 났다는 통보였다. 한편, 토마스의 조선 방문 소식을 들은 런던 선교회는 미지의 세계를 개척한 토마스로 인하여 흥분하였다. 런던 선교회는 후원자들에게 보내는 선교회 회보 1866년 7월호에 다음과 같은 내용을 게재하였다.

"우리의 형제 토마스 선교사는 베이징에 무사히 도착하여 이사회의 환영을 받았습니다. 그는 윌리엄슨과 연계하여 조선 서해안에 성경을 나눠 주기로 결심하고 조선을 다녀왔습니다. 천주교 선교사들에게 말고는 전혀 알려져 있지 않은 나라에서 모험적인 사역을 계획하고 바다의 위험과 땅의 위험을 무릅쓰며 4개월 동안 복음을 전하고 목적지까지 안전하게 돌아온 헌신된 형제로 인하여 주님께 감사드립니다."

토마스는 이 첫 번째 조선 전도 여행을 통하여 많은 것을 이루어 냈다.

첫째, 조선인들에게 성경책을 나누어 주었다. 그는 조선인들의 지적 수준이 상당히 높다고 표현하고 있다. 성경 읽기를 좋아하고 성경을 가지고 싶어하는 조선인에게 본격적으로 성경책을 나누어 주기 위해 입국하고 그 사명을 다했다는 것은 조선 기독교 역사에서 처음 있는 일이었다. 토마스가 나누어 주었던 것에는 물론 다른 기독교 서적도 있었지만 대부분 한문 성경이었다. 그는 조선 평민들이 사용하는 구어체에 상응하는 문자가 있다는 것도 알고 있었지만, 문자를 깨친 사람들은 한문에도 능통하다는 것을 잘 알고 있었다. 그런 자들을 통하여 기독교 서적이나 성경을 모두가 이해할 수 있는 문자와 언어로 옮기는 것이 가능하리라 기대했던 것 같다.

둘째, 조선말을 배웠다. 토마스는 언어를 배우는 데 재능이 있던 사람이다. 이미 중국으로 오기 전에 많은 나라의 언어를 능숙하게 구사하였다. 그에게 또 다른 언어를 배우는 것은 흥미 있는 일이었다. 그는 자신이 성경을 나누어 줄 때도 처음엔 냉담하여도 조선말로 다가가 인사를 나누고 주면 대부분 성경을 받았다는 사실을 잘 기억하고 있었다. 이에 더욱 열심을 내었던 그의 조선어 실력은 날로 진보하였고, 그의 노트는 중국에서 공부하기 위해 기록해 놓은 많은 조선어로 빼곡하였다.

셋째, 많은 사람들을 알아두었다. 장차 조선에서 사역할 비전을 가지고 있었던 토마스에게 이번 1차 방문은 예비 현장 조사의 의미가 있는 것이었다. 따라서 그는 재방문을 염두에 두고 교역차 조선을 오가는 중국인들과 조선인들을 비롯해서 각계 각층의 사람들과 개인적인 친분을 맺었다.

토마스는 무흠하지 않은 자신의 성품과 주위의 열악한 조건에도 불구하고 불굴의 의지와 열정으로 자신의 할 바를 결정하고 의지를 개진

해 나갔다. 비록 연약하여도 눈이 내리면 꽃을 피우겠다는 약속을 지키는 매화처럼, 그 듬성듬성한 가지로도 비할 바 없이 그윽한 향기를 날렸던 것이다. 과묵한 시인이 작은 꽃송이의 자태에서 고절高節하고 시대를 앞서가는 선구자의 풍모를 느꼈듯이, 우리 역시 외로우면서도 멈추지 않는 행로를 거듭한 토마스에게 연민 섞인 감탄을 금할 수 없다.

어리고 성근 매화 너를 믿지 않았더니
눈 기약 능히 지켜 두세 송이 피었구나
촉燭 잡고 가까이 사랑할 제 암향부동暗香浮動하더라

_ 안민영의 『매화사』梅花詞 중에서

토마스 선교사가

1차 조선 선교 여행을 마치고 베이징에서 런던 선교회로 보낸 편지 중에서

존경하는 티드맨 총무님께

저는 일주일 전에 이 곳에 도착하였습니다. 그리고 런던 선교회에 다시 허입되었다는 기쁜 소식을 들었습니다.

조선에 선교 여행을 다녀왔다는 이야기는 들으셨을 줄로 믿습니다. 선교사직 복귀에 대한 소식이 오기 전에 저는 스코틀랜드 성서공회의 윌리엄슨 선교사와 상의하여 천주교 선교사들 외에는 어느 누구에게도 알려져 있지 않은 조선의 서해안에 찾아가기로 결심하였습니다.

작년 9월 4일 작은 중국 어선을 타고 즈푸를 떠나 13일에 조선 본토에 도착했으며, 그 이후로 두 달 가까이를 해안가에서 지냈습니다. 저는 한 조선인 천주교 신자의 도움으로 귀한 복음 진리를 조선의 가난한 사람들에게 전할 수 있을 정도의 말을 배웠습니다.

조선인들은 외국인에게 적개심을 가지고 있었지만 그들의 언어로 함께 이야기하면서 한두 권의 책을 받아들도록 설득할 수 있었습니다.

이는 사형을 당할 수도 있고 적어도 벌금형 내지 투옥의 위험이 있음

Letter

에도 불구하고 받은 것이므로, 적어도 책을 받은 사람들은 그것을 읽고 싶어했다고 결론 내릴 수 있을 것 같습니다.

20여 년 동안 조선과 무역해 온 중국 안내인들의 증언에 따르면, 작년 가을에 조선 서해안에 불어 닥쳤던 강풍은 유례가 없을 정도로 대단한 것이었습니다. 우리가 그 강풍 속에서도 가까스로 탈출할 수 있었던 것은 자비로우신 하나님의 섭리가 우리를 보호하셨기 때문입니다. 저는 왕이 살고 있는 수도를 방문할 예정이었지만 제가 타고 있던 조선 배가 그 끔찍한 강풍에 부딪히는 바람에 어려움을 겪고 포기할 수밖에 없었습니다. 다행히 아무도 생명을 잃지는 않았습니다.

12월 초순에 조선을 떠나 만주 해안에 상륙하면서 해상의 위험은 면하게 되었으나, 대신 육로의 위험이 다가왔습니다. 만주의 전 지방이 전쟁의 와중에 있다는 것은 당신도 잘 알고 계실 것입니다. 오랫동안 마적

1900년대 외국인이 본 한국 풍경

떼는 극동의 한적한 길에서는 공포의 대상이었는데 최근에는 이 무리들이 서로 연합하여 노골적으로 반란을 일으키고 있습니다.

저는 피쯔워貔子窩라고 하는 작은 항구에 도착해서 성경책을 나누어 주고 복음을 전하면서 보람된 사흘을 보냈습니다. 그 곳 사람들은 시민의식이 있고 상당히 정중하였는데 안타깝게도 제가 떠난 지 이틀 만에 마적단에게 점령당하고 말았다고 합니다.

리쿼화Likwo Fa라는 이름의 이슬람교도는 제가 가지고 있던 책을 종류별로 한 권씩 사들였으며, 매일 무상으로 잘 차린 식사를 보내 주었습니다.

저는 가이저우蓋州를 지나 뉴좡牛莊에 도착하여 영국 영사인 메도스 T. Taylor Meadows에게 극진한 대접을 받았습니다. 그 후 얼마간은 말을 타면서, 또 얼마간은 마차를 타면서 여정을 계속하여 랴오둥遼東 만 북쪽 지역을 돌았으며, 산하이관山海關*의 장성을 지나 즈리 성直隸省, 즉 지금의 허베이 성河北省에 들어왔습니다. 거기부터는 마적단이 따라올 수 없

산해관도(山海關圖)

산하이관 山海關 중국 허베이 성(河北省) 북동단에 있는 교통, 군사상의 요지이다. 17세기까지 북동쪽의 유목민족으로부터 베이징을 방어하기 위한 전략적 요충지 역할을 했다. 해안을 따라 위치한 좁은 협곡을 지나 베이징에서 만주로 가는 통로인 동시에 만리장성이 끝나는 곳이기도 하다. 산하이관이란 지명은 14세기 초 명대(明代)에 성을 쌓고 산해위(山海衛)를 설치하고 군대를 주둔시킨 데서 유래되었다. 만리장성 동쪽 끝 지점으로서 예로부터 자주 전장이 되어 왔고 특히 명나라 말기 청군(淸軍)이 침입해 왔을 때 명나라가 이곳을 거점으로 끝까지 저항한 곳으로 유명하다.

었기에 한숨을 돌릴 수 있었습니다. 중국 정부는 만주를 진압하기 위해 4,000명의 군대를 보냈습니다.

만리장성

정리하자면, 저는 서구 사람들과 떨어진 채로 3,200킬로미터 가까이 바다와 대륙을 여행하면서 4개월을 지낸 셈입니다. 그 동안 조선 서부 두 지방의 해안을 잘 알게 되었고, 나중에 그들과 교제할 때 사용할 수 있도록 많은 단어와 대화들을 기록해 두었습니다.

……베이징에 도착한 후 첫 주간은 이곳에 거주하는 서양인들을 방문하면서 보냈습니다. 저희의 기도 모임은 지금까지 잘되고 있습니다.
다음 주부터는, 중국 교회에서의 설교를 위한 공부를 시작할 계획입니다.
이사회에 저의 안부를 전해 주십시오.

당신의 신실한 로버트 저메인 토마스
1866년 1월 12일 베이징

> "토마스는 완벽한 복음 전도자였습니다. 그는 런던 선교회에서 세운 교회에 매일 나가서 오전 10시부터 오후 4시까지 설교하였습니다. 50명에서 100명 정도가 그 복음을 듣고 회심하였는데, 그들은 인내와 진실된 마음으로 성실하게 설교를 들었습니다."
> _ 베이징에서 토마스와 친하게 지냈던 폴린 모라슈(Pauline Morache)의 편지 중에서

3천 년 고도(古都), 베이징의 선교사

4개월간의 길고도 험한 전도 여행을 마치고 돌아온 토마스를 반긴 소식은 그가 다시 런던 선교회 소속 선교사로 허입되었다는 것이었다. 사실 그는 1865년 8월경에 이미 재임명되었다. 다만 관련 서신이 영국에서 중국으로 전달되기까지 몇 달이나 소요되었기에 늦게 알았을 뿐이다. 따라서 토마스는 1차 조선 전도 여행을 어디까지나 런던 선교회 소속 사역자로서 수행했다고 볼 수 있다. 이와 관련된 공식적인 기록도 남아 있다.

> "런던 선교회 소속 선교사인 토마스는 윌리엄슨을 만나서, 두 명의 조선인과 함께 성경을 가지고 조선에 들어가되 부분적인 여행 경비를 지

원받는 조건으로 스코틀랜드 성서공회의 대리인으로 활동하겠다고 제의하였다. 윌리엄슨은 이를 열렬히 환영했으며, 토마스는 주도면밀하게 위장을 하고 떠났다."

런던 선교회에 허입되었다는 것은 뮤어헤드와의 관계 또한 잘 정리되었다는 것을 의미하기에 더욱 뜻 깊은 소식이었다. 이런 사실을 즈푸에 있을 무렵 이미 알았기에 토마스는 조선에서 돌아올 때 만주를 거쳐 베이징으로 올 계획을 구상했던 것 같다. 이는 1차 조선 전도 여행이 얼마나 철저한 계획과 준비 아래 진행되었는지 알 수 있는 한 면모이기도 하다.

3,000년 역사를 자랑하는 중국의 수도 베이징에 도착한 토마스는 런던 선교회 베이징 지부장인 에드킨스Joseph Edkins 선교사의 따뜻한 영접을 받았다. 일찍이 런던 수학 시절 에드킨스가 쓴 『중국어 문법』을 사 보기도 했던 토마스는 즈푸에 체재할 때 그로부터 친절한 위로의 편지를 받기도 하는 등 인연이 깊은 사이였다.

1900년경 엽서의 베이징 풍경

베이징의 자금성

"당신이 런던 선교회를 떠난 것에 대하여 베이징과 톈진에서는 무척 애석하게 생각하고 있습니다. 본국 이사회에서 당신을 속히 복권시킬 것이라고 생각합니다. 당신이 다시 허입된다면 저는 진심으로 환영할 것입니다."

토마스 선교사가 설교하던 베이징 교회

에드킨스는 토마스보다 20여 년 전에 상하이에 파송된 인물로 1862년 베이징을 방문하여 세 사람의 개종자에게 세례를 베풀고 런던 선교회 베이징 지부를 개척하여 활발한 사역을 펼치고 있었다. 토마스는 대학 시절부터 그가 집필한 중국 종교에 관한 저서들을 읽어 왔기에 그와 함께 사역하는 것을 기쁨으로 여기지 않을 수 없었다.

무엇보다도 토마스와 에드킨스 사이에는 공유하는 특별한 감정이 있었다. 에드킨스 역시 1861년 8월 24일 다구大沽에서 아내를 잃는 슬픔을 겪었다. 배우자와 사별할 때의 통절함을 누구보다도 잘 알고 있었던 그는 캐롤라인을 잃고 시름에 잠긴 토마스에게 남다른 연민의 정을 느꼈던 것이다.

그리고 베이징에는 런던 선교회 소속 선교사가 또 한 명 있었다. 몇 년 전 토마스 부부가 폴메이스 호를 타고 중국으로 올 때 함께 4개월 반 동안 여행을 했던 의사 존 더

전 John Dudgeon이었다.

베이징 교회 예배당

당시 토마스는 의욕에 넘쳐 있었다. 조선을 다녀온 이후로 새로운 비전의 인도를 받게 된 그로서는 모든 사역이 즐겁기만 하였다. 우선 그는 베이징의 선교사들을 비롯하여 여러 외국인들을 방문하였다. 그리고 1월 첫 주일부터는 런던 선교회에서 세운 교회에서 중국어로 설교를 시작하였다. 100여 명 가량의 중국인들이 매일 오전 10시부터 오후 4시까지 진행되는 그 설교를 들으러 오고 갔다. 토마스는 복음을 전하고 상담하고 또 복음을 전하는 방식으로 사역을 했으며, 주일에는 세 군데의 교회에서 에드킨스와 돌아가면서 설교를 하였다.

또한 당시 미국 장로교 선교사인 마틴 W. A. P. Martin*이 설립하고 운영하던 영화英華 사립 학교의 교장직을 잠시나마 대신하기도 하였다. 뮤어헤드와의 관계를 통해서 느낀 바가 있었던 것일까? 비록 마틴이 다른 성省으로 출타 중

마틴 W. A. P. Martin, 1827 – 1916 미국 북장로교의 선교사이자 법률학자이다. 목사의 아들로 태어나 1850년 미 북장로회 해외 선교부를 통해 중국에 파송되었으며, 1867년까지 베이징에서 전도 활동을 하였다. 1858년의 톈진 조약 때는 통역관 역할을 수행하기도 하였다. 1863년 북장로교 전도회를 창설하였으며, 1867년에는 베이징 동문관(同文館) 대학의 학장 겸 국제법 교수로 부임하였고, 1898년에는 새로 설립된 베이징(北京) 대학교의 초대 총장이 되었다. 일시 귀국하였다가 1902-1905년에 우창(武昌) 대학교 초대 총장을 역임하였으며, 이후에는 저술 활동에 전념하여 학계와 문단의 여러 간행물에 다수의 글을 게재하였다.

일 때 단기간 감당한 것이긴 하나 이것은 상하이에서는 결코 맡으려고 하지 않았던 자리였다.

베이징에서의 토마스의 사역은 대부분 중국인들에게 복음을 전하는 일이었다. 그는 끊임없이 노방 전도 활동을 펼치는 한편 교회를 설립하기 위하여 장소를 물색하였다.

토마스는 중국인들을 좋아했고, 그들과 잘 어울려 지냈다. 그의 중국인에 대한 친화력을 이해하는 데 도움이 되는 일화가 있다.

한번은 토마스가 친구인 프랑스 공사관의 한 의사에게 같이 외출하자고 제안하였다. 사진기까지 든 토마스가 가서 만난 사람은 당시 중국에서 부처의 환생으로 여겨지고 있던 자였다. 중국 정부로부터도 인정을 받고 있을 정도였던 그 사람은 말하자면 중국 불교계에서 교황과 같은 위치에 있는 인물이었다. 베이징의 외국인 가운데서는 프랑스 대사와 예수회 신부들 말고는 만나본 적이 없는 사람이었다. 그런 위인을 토마스는 친구까지 대동하고 찾아갔던 것이다.

일반 사람은 결코 만나지 않는 그였지만 토마스를 보자 진심으로 반가워하면서 목소리를 높여 환영해 주었다. 토마스는 이미 그를 자주 만나 왔으며 진리에 대해 토론하면서 특별히 친구로 인정받고 있었던 것이다.

토마스는 어느 때보다도 활기차게 그 해 7월 초까지 베이징에서 사역에 전념하였다. 당시 영국의 어머니에게 보낸 편지를 보면 예전과는 다른 그의 안정된 심리를 느낄 수 있다.

"지난주에 어머니의 모습이 담긴 그림을 받았습니다. 감탄할 정도로 잘 그린 것은 아니지만 어쨌든 어머니 초상화를 지니게 되어 기쁩니다. 그 동안 제가 자리를 잡지 못하고 떠도는 것 같다고 염려하셨지요? 지금 저는 건강을 위해서 여행하고 있으며 다행히도 잘 회복되고 있습니다. 저는 제 뜻의 목적인 이 곳에 머무르려고 합니다."

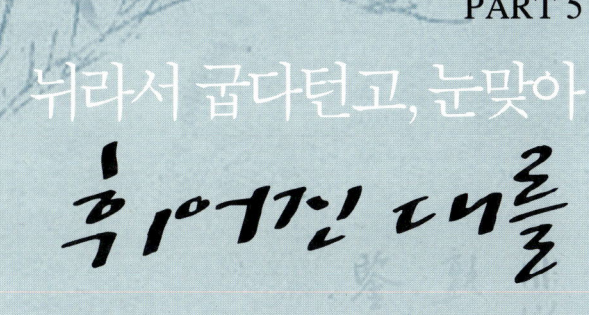

PART 5

뉘라서 굽다턴고, 눈맞아
휘어진 대를

베이징에 찾아온 조선 사신 | 동방의 웨일스, 조선 | 조선행 제너럴 셔먼 호 | 두 번째 조선 여행길, 대동강을 거슬러 올라가 | 제네럴셔먼 호를 향한 돌팔매 질 | 조선 땅의 첫 기독교 순교자

고려 말, 조선 초의 문인 **원천석**(元天錫, 1330-?)은 진사가 되었으나 혼란한 정계를 개탄하여 치악산에 들어가 농사를 짓고 부모를 봉양하며 은둔 생활을 하였다. 조선 태종(太宗)이 된 이방원(李芳遠)을 가르친 적이 있어 태종이 즉위한 후 여러 번 부름을 받았으나 응하지 않았다. 그의 작품들을 보면, 그가 출사하지 않은 것은 고려 왕조에 대한 충의심 때문인 것을 알 수 있다. 아래 시조 역시 두 왕조를 섬길 수 없다는 지조와 절개를 노래한 것이다.

눈 맞아 휘어진 대를 뉘라서 굽다턴고
굽을 절(節)이면 눈 속에 푸를소냐
아마도 세한고절(歲寒高節)은 너뿐인가 하노라

"중국 베이징은 전략적으로 중요한 사역지입니다. 1년에 한두 차례 아시아 각국에서 사절단들이 방문하는데, 선교사들은 그들과 자연스럽게 어울릴 수 있습니다. 조선인은 어느 민족보다 복음 진리에 관심이 많은 민족입니다."

_로버트 저메인 토마스

STORY 26

베이징에 찾아온 조선 사신

베이징은 중국이라는 거대한 나라에서 3,000년 가까이 정치·문화의 중심지 역할을 했던, 중국 황제가 국사를 관장하는 수도였다. 따라서 중국 주변국 18개 나라에서는 수시로 사절단을 베이징으로 파견하였다. 조선도 예외는 아니었다. 조선 정부는 1년에 세 차례씩 사신*을

중국으로 가는 조선 사신 행차

중국 사신使臣 중국으로 보내는 사신의 명칭과 운영 방식이 규격화된 것은 고려 말, 조선 초로서 중국에 대한 사대 관계의 질서 속에서 정비되었다. 조선은 1년에 세 차례 사신을 보냈는데, 정월에 보내는 하정사(賀正使), 황제의 생일에 보내는 성절사(聖節使), 황태자의 생일에 보내는 천추사(千秋使)가 그것이었다. 나중에 동지사(冬至使)가 추가되었으며, 1645년 이후에는 모든 정기 사신이 동지사로 통합되었다. 이외에도 필요에 따라 보내는 사신이 적지 않았다. 사신 행차(使行)는 정사, 부사부터 수행원들까지 보통 30-40명으로 구성되었다.

토마스 선교사가 한국에서 나눠 주었던 성경

보내 왔다. 새해와 황제 생일, 황태자 생일이 그때였는데, 나중에는 동지가 지나 파견되는 동지사가 추가되었다. 조선에서 새 인물이 왕위를 계승하거나 왕비를 맞이할 때도 사신들이 보내졌다. 물론 정치적인 목적을 띤 이 사절단의 규모는 대략 300명 정도였는데, 많을 때는 500명이 넘는 경우도 있었다.

이러한 사절단을 통하여 문화적, 경제적 교류도 병행되었다. 무엇보다도 천주교 선교사들은 이들을 적극적으로 활용하였으며, 사실상 그들을 통하여 서학西學으로 알려진 천주교가 조선에 전래되었다.

조선 여행 후 서해안에서 수집한 조선어를 정리하여 틈나는 대로 공부하고 있던 토마스 역시 이 기회를 사용하고자 했다. 그는 당시 동지사로 왔다가 베이징에 머물고 있는 조선 사절단과의 만남을 꾀하였다.

어떻게 해서든 조선말을 배우려고 애쓰는 토마스 선교사의 모습은 동지사 일행에게 호감을 주었다. 이는 친밀한 교제로 이어졌다. 토마스는 1866년 4월 4일 런던 선교회로 보내는 편지에 이렇게 기록하고 있다.

"해마다 정기적으로 중국을 방문하는 사절단이 막 베이징을 출발했습니다. 저는 베이징에 있는 다른 외국인들보다 조선인들과 가까워지려고 노력했습니다. 조선에 대한 약간의 지식은 그들이 머무는 숙소에 들어갈 수 있는 기회가 되었습니다. 잘 알고 계시겠지만, 조선에는 천주교 선교사가 11명 있으며 수천 명의 천주교 개종자들이 있습니다. 작년에 조선에 머무는 동안 많은 것을 알게 되었습니다. 그들은 천주교의 교리와 사제에 대해서는 지극히 헌신적이면서도 우리 기독교의 좀더 순수하

랴오허 강 풍경

고 단순한 믿음은 받아들이려고 하지 않습니다. 선교부는 일본, 조선, 몽고에 복음을 전하기 위하여 계획을 세워야 합니다."

조선 동지사가 베이징을 떠난 지 얼마 되지 않은 4월 19일, 알렉산더 윌리엄슨은 전도 여행을 갔다가 랴오허遼河 강 옆에 있는 톈창타이田庄台에서 본국으로 돌아가는 그들 일행과 만났다.

함께 대화를 나누던 중에 그들이 베이징에 있을 무렵 한 선교사를 만났다는 사실을 알게 되었다. 그들 말로는 "베이징에서 여러 권의 기독교 서적을 받았고 책을 준 선교사로부터 교리도 조금 들었다."는 것이었다. 정황으로 보아 그들이 베이징에서 만났다는 선교사는 토마스임에 틀림없다.

접근이 쉽지 않았을 텐데도 토마스는 여러 조선인을 만나기 위하여 노력하였다. 조선 전도 여행에 이어 이렇게 조선 사신들을 통해서도 성경과 기독교 서적을 조선으로 보내는 일에 성공함으로써 그는 조선 전도의 여정에 한걸음을 더 내딛는다.

> "인간적인 관점에서 생각할 때 조선인은 기독교의 진리에 대하여 적개심을 품고 있지 않습니다. 중국 지식층에 미미한 영향력을 행사하고 있는 불교가 이 곳 조선에서는 더 미약합니다. 저는 조선 사람들이 우리의 기독교 서적을 열정적으로 읽는다는 것을 자신 있게 말할 수 있습니다."
> _ 로버트 저메인 토마스

동방의 웨일스, 조선

1863년 조선에서는 제25대 임금이었던 철종이 33세 젊은 나이에 후손 없이 숨지고 다른 왕족 흥선군興宣君의 둘째아들이 제26대 왕 고종으로 즉위하였다. 흥선군 이하응李昰應은 제21대 임금 영조의 현손玄孫이었으나 십대 시절에 부모를 잃고 불운한 청소년기를 보내다가 22세가 되어서야 흥선군으로 봉해지고 종친부 유사당상有司堂上 등 한직을 맡기 시작하였다.

당시 60여 년 동안 조선 왕실의 권력을 쥐고 흔들던 안동 김씨와 풍양 조씨의 권세* 아래에서 자신을 드러내지 않기 위해 일부러 불량배들과 어울리기도 하고 안동 김씨 집안에 구걸을 다니기도 하면서 몸을 움츠렸던 이하응은 철종의 죽음이 임박하자 왕실 어른인 조대비와 미리 연줄을 맺어 국상이 나면 자신의 아들을 왕위에 앉히기로 약속을 받았다.

결국 철종이 눈을 감자, 이하응의 둘째 아들인 명복命福이 겨우 12세의 나이로 왕위에 오르게 된다. 의도했던 바였을까? 불가피한 역사의 흐름이었을까? 새 왕이 국정을 살피기에는 너무 어리다는 이유로 아버지인 이하응이 대원군大院君으로 봉해지고 섭정을 하게 되었다. 대원군이란 전 임금의 직계가 아닌 인물이 임금이 되었을 때 그 임금의 아버지에게 주는 벼슬이었다.

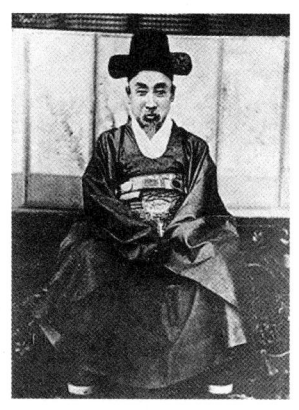

흥선 대원군

바야흐로 대원군 이하응의 시대가 온 것이었다. 그는 왕권을 강화하기 위해 경복궁을 증축하였으며 개혁을 단행하였다. 이미 가난한 백성들의 삶을 바닥부터 체험해 보았던 그는 왕실의 권력가들을 몰아내고 양반 계급에도 세금을 부과하는 등 기성 세력에 철권을 휘둘렀다.

본래 대원군은 천주교에 대하여 호감을 갖고 있었다. 천주교인 남종삼을 정부 고위직에 임명하였고 대원군의

세도 정치 勢道 政治 조선 후기 외척 세도 가문이 왕의 신임을 받아 국정을 장악하였던 일종의 신임 정치를 가리킨다. 원래는 '세도'의 한자말은 '정치는 사회를 교화시켜 세상을 바르게 다스리는 도리'라는 사림의 통치 이념에서 나온 '世道'였으나, 변질된 형태의 독재 정치가 되면서 '勢道'로 바뀌게 되었다. 이 세도 정치의 효시는 정조 초에 독단적인 정치 운영을 한 홍국영(洪國榮)이라 할 수 있으며, 순조 이후에는 안동 김씨, 풍양 조씨 등 외척 가문들을 들 수 있다. 오랜 당쟁 과정에서 살아남은 세도 가문들은 관료적 기반, 사림으로서의 명망, 왕실의 외척으로서의 정치적 영향력 등으로 정치적 주도권을 행사하였다.

고종 황제와 황실 가족

부인도 어린 고종의 유모를 천주교인으로 선택하였다.

대원군은 강력한 혁신 정치를 펼치는 한편 걷잡을 수 없이 몰아쳐 오는 외세의 힘을 느꼈기에 이이제이以夷制夷의 방책을 고려하고 있던 참이었다. 당시 음흉한 남하의 손길을 뻗어 오던 러시아를 프랑스와 동맹을 맺어 방어하려고 한 시도가 그 예이다.

이미 베이징 조약을 통해 만주 옌하이沿海 지방을 자국 영토로 영입시킨 러시아는 1863년 고종 1년 군함을 원산에 정박시키고 우호 조약을 체결하자고 요청하였다. 이에 대원군이 거절하자 러시아 측은 위협적인 태도를 취하였다.

대원군은 당황하였다. 그 때 남종삼과 천주교인들은 그 기회에 천주교를 공인시키고자 대원군에게 프랑스와 외교 관계를 맺고 그들의 도움을 얻어 러시아의 남하 정책을 막자는 제안을 하였다. 대원군은 그 제안을 받아들였고 조선에서 활동하고 있던 프랑스 주교 베르뇌 Siméon François Berneux*를 만나기로 하였다.

베르뇌 주교

베르뇌 Siméon François Berneux, 1814 – 1866 프랑스 파리 외방전교회(外邦傳敎會) 소속 선교사로 한국에서 활동한 신부이다. 1837년 사제 서품을 받은 후 신학교에서 철학 교수로 재직하던 중 1839년 파리 외방전교회에 입회하였다. 1840년 프랑스를 출발해 베트남 북부의 통킹(Tongking)과 만주 등지에서 선교 활동을 하였다. 1855년 제4대 조선 교구장으로 임명되었고 1856년에 조선에 입국한 이후 충북 제천시 배론에 한국 최초의 신학교를 설립하고 서울에 2개의 인쇄소를 차리는 등 조선 교회 발전을 위해 헌신하였다. 1866년 병인 박해 때 서울에서 체포되어 3월 8일 다른 프랑스인 신부들과 함께 새남터에서 순교하였다.

그러나 지방에 있던 베르뇌 주교가 한양까지 오는 한 달 동안에 상황이 바뀌었다. 중국이 영국, 프랑스 등과 베이징 조약을 체결한 이후 중국인들이 서양인들을 박해하고 학살하는 일이 일어났다. 중국에 갔던 사신들을 통해 이 소식을 전해 들은 대원군은 중국이 서양 세력을 물리친 것으로 이해하였고, 원산에 있던 러시아 군함도 스스로 물러났다. 프랑스와의 동맹의 필요성이 없어진 셈이었다.

그 무렵 대원군을 반대하는 세력들이 천주교인들과 가까이하고 있는 대원군에게 정치적인 공세를 취하였다. 이미 조선에서는 천주교를 인정하지 않고 '사학'邪學이라 하여 탄압해 온 역대 왕들의 정책이 있었기에 가능했던 공세였다.

"운현궁*에도 천주학쟁이가 출입한다."는 소문이 퍼지고 대원군 자신을 도와 둘째아들이 왕위에 오르는 데 도움을 주었던 조대비까지 천주교와 대원군을 비난하기 시작하였다.

러시아 군함이 물러가자 일시적으로나마 고민이 해결된 대원군의 태도는 급변하였다. 외세 침략의 위기를 천주교 포교의 기회로 삼고자 했던 천주교인들에 대하여 정반대의 입장을 취하고 유학자들의 의견에 동조하여 천주교를 박멸하겠다는 단안을 내렸던 것이다.

이런 사실을 알지 못한 채 종교의 자유를 기대하면서 수도에 올라온

운현궁 풍경

운현궁 서울특별시 종로구 운니동에 있는 흥선 대원군의 사가(私家)로 1977년 사적 257호로 지정되었다. 흥선 대원군의 둘째 아들인 고종(高宗, 재위 1863-1907)이 출생하여 12세에 왕위에 오르기 전까지 성장한 잠저(潛邸)이다. 원래는 궁궐에 견줄 만큼 크고 웅장하였다고 하는데, 현재는 대원군이 즐겨 쓰던 아재당(我在堂)은 없어지고, 한옥은 사랑채인 노안당(老安堂), 안채인 노락당(老樂堂)과 별당채인 이로당(二老堂)만이 남아 있다. 현재 덕성 여자대학교의 건물 일부로 쓰이고 있다.

베르뇌 주교는 대원군을 알현하기 위해 왕궁에 들어왔다. 그러나 대원군은 때가 구정 설날이라고 만남을 연기하였다.

1866년 대원군은 결국 천주교 금압령을 선포하였고, 삼군 병사 동원령을 내리고 남종삼, 홍봉주 등의 집을 급습하면서 피비린내 나는 병인박해가 시작되었다

병인 박해는 1866년 봄과 여름, 그리고 1868년과 1871년, 네 차례에 걸쳐 일어나 천주교인 8,000명이 죽음을 당한 조선 역사 이래 최대 규모의 천주교 박해였다. 병인 박해의 배후에는 외세의 침략에 따른 국가적 위기 의식과 대원군이 반대 세력으로부터 자신의 정권을 유지하기 위해 도모한 정책이 숨겨져 있었다.

이 박해에서 베르뇌 주교를 비롯한 9명의 신부들 역시 체포되어 참수형을 당했다. 대학살의 공포가 한반도 구석구석을 휩쓸었다.

한편, 조선에 남아 있던 3명의 프랑스인 신부 리델Félix Clair Ridel, 페롱Stanislas Féron, 칼레Alphonse Calais 는 충청도 산속으로 피신하여 남은 신자들과 함께 칩거했다. 이 중 리델 신부가 천주교 신자 몇 명과 함께 황해도 장연 부근에서 어선을 타고 탈출하여 톈진에 있던 프랑스 해군 사령관 로즈Pierre Gustave Roze 제독에게 비보를 전하였다.

로즈 제독은 베이징의 프랑스 대사관을 방문하여 당시 프랑스 대리 공사였던 벨로네Henri de Bellonet에게 이 소식을 알렸고, 충격에 싸인 벨로네는 즉각 중국 정부에 항의하였다. 그러나 중국 정부는 내정 간섭의 이유를 들어서 프랑스 대리 공사의 요구를 받아들이지 않았다.

이에 벨로네는 해군 제독 로즈에게 조선으로 진군하라고 명령을 내

리게 된다.

이 때 토마스가 조선 서해안에서 얼마간 지낸 데다가 중국어에 능통할 뿐더러 조선말까지 조금 할 줄 안다는 것을 안 벨로네는 그에게 동행하여 통역해 줄 것을 부탁하였다.

그런데 조선에서 온 프랑스인 신부 리델이 있는데 왜 토마스에게 통역을 부탁했을까? 벌써 8년째 조선에서 사역하여 조선말도 유창하고 지리에도 밝은 리델이 통역자로서 더 적합하지 않았을까?

베이징 주재 런던 선교회 소속 선교사 에드킨스 Joseph Edkins*가 동생에게 보낸 편지에서 그 해답을 제시한다.

첫째, 로즈 제독은 프랑스 신부들을 신뢰하지 않았다.

둘째, 프랑스 신부와 함께 가면 조선 정부가 볼 때 정치적 음모를 꾸미는 것으로 오해할 수 있다고 우려했다. 마치 조선 정부의 문을 열기 위해서 예전부터 프랑스 신부를 보냈었다고 오해할까 하는 염려였다.

셋째, 리델과 대화를 나눈 결과 신부들이 주로 산속이나 내륙에서 활동을 하였기에 토마스처럼 서해안의 상황을 잘 알지는 못한다고 판단했다.

프랑스 대리 공사로부터 공식 요청을 받은 토마스는 런던 선교회 지

조셉 에드킨스

에드킨스 Joseph Edkins, 1823 – 1905 영국 출신의 중국 선교사로, 한자명은 예약슬(艾約瑟)이다. 중국 항국 도시 상하이는 1841년 개항장으로 선포되면서 곧 기독교 선교 사업의 중심지가 되었다. 이 일련의 움직임에 따라 런던 선교회 출신의 에드킨스는 1848년 상하이에 파송되었고, 소주와 남경에서 장발적 모반자들에게 기독교 신앙을 가르쳤다. 1860년 그는 즈푸로 옮겨갔고, 이듬해에는 톈진에서 활약하였다. 1862년 베이징을 방문한 그는 세 사람의 첫 기독교 개종자들에게 세례를 베풀었다. 에드킨스는 권위 있는 문헌학자로서 중국 종교에 관한 광범위한 저서를 집필하기도 하였다.

동방의 웨일스, 조선 | 215

부장인 에드킨스에게 전언하고 선교사 회의를 소집했다. 회의는 계속되었지만 결론 내리기는 쉽지 않았다.

선교사들은 몇 가지 사항을 고려하였다. 천주교와 관련된 일에 나서야 하는가? 프랑스 함대가 조선에 가면 미국의 반발은 없겠는가? 선교사가 군함을 타고 가서 복음을 전하는 일이 합당한가?

에드킨스는 토마스가 조선으로 가는 것을 반대하지 않았다. 그가 동생에게 보낸 편지를 보면, "조선 방문은 본국에 있는 선교 후원자들에게 흥미를 불러일으킬 만한 일이기에 토마스에게 가지 말라고 조언하지 않았다."는 문구를 찾아볼 수 있다.

거듭된 회의 끝에 결국 토마스가 조선을 다녀오는 것으로 결정이 났다. 벨로네 대리 공사는 그의 수락에 안도하였다.

당시 런던 선교회의 선교관은 점진적인 선교였다. 다시 말하면 주님의 지상 명령이란 예루살렘을 먼저 전도하고 그 다음에 유대와 사마리아와 땅 끝까지 복음을 전하는 것이라고 이해하였다. 따라서 허용된 범위 내에서 선교에 주력하고자 했다. 이에 베이징 선교사 회의의 결정은 런던 선교회의 허락을 필요로 하였다.

베이징 지부는 이 사실을 런던 선교회에 알렸다. 시간이 급했기에 먼저 조치를 취하고 보고를 한 것이었다. 선교회의 반응은 예상대로 토마스의 조선 방문을 달가워하지 않는 것이었으나 그가 이미 조선을 향해 출발하였기에 나중을 기약할 수밖에 없었다. 토마스가 베이징을 떠나 즈푸를 경유하여 조선으로 가는 여정을 밟는 중인 9월 10일 다시 소집된 선교사 회의는 먼젓번 결정에 유감을 표시하고 그가 돌아오기만을 기다렸다.

그러나 토마스 선교사는 그 길에서 끝내 돌아오지 못한다.

토마스는 여름 더위가 맹위를 떨치기 시작할 무렵인 7월 13일, 베이징을 떠날 채비를 마쳤다. 에드킨스는 만일을 대비하여 신학 공부를 하고 있던 중국인 사역자를 함께 떠나도록 하였다. 다시 밟지 못할 베이징 땅임을 행여라도 예감했을까? 초연하게 길을 떠나는 그는 한결같은 정성으로 준비한 성경과 기독교 서적들에 더해 지난해 조선에서 가져온 한복을 들고 있었다.

> "상당히 많은 성경책과 기독교 서적을 준비하였으며,
> 조선 사람들의 환영을 받으리라고 기대합니다."
> _로버트 저메인 토마스

조선행 제너럴셔먼 호

중국인 사역자와 함께 톈진에 도착한 토마스는 뜻밖의 소식을 접했다. 대기하고 있을 줄 알았던 로즈 제독이 즈푸로 급히 떠났다는 것이었다.

토마스가 톈진에 일주일 간 머무르는 동안에 프랑스 영사가 찾아와 벨로네 대리 공사의 편지를 건네 주었다. 당시 프랑스령이었던 베트남의 사이공Saigon에서 소요가 일어나 이를 진압하기 위해서 로즈 제독이 즈푸를 떠났다는 내용이었다.

토마스의 기대가 산산이 부서지는 순간이었다. 기다려 달라는 말만 있을 뿐 정확히 언제 돌아온다는 내용은 없었다. 사태가 가라앉기까지 최소한 몇 달은 걸릴 텐데 기약 없이 기다린다는 것은 선교사인 그

에게는 무의미한 일이었다. 토마스는 중국인 사역자와 상의한 끝에 함께 즈푸로 갔다. 혼자서라도 조선에 가려는 심산이었다.

병인 양요 때 로즈가 이끌고 온 프랑스 함대들

이미 조선에 다녀오기로 결정한 이상 그에게 어떤 배를 타고 가느냐가 중요한 것은 아니었다. 분명한 이유와 목적이 있었기에 프랑스 함대로 가든지 작년과 같이 조선인들과 함께 어선으로 가든지 그는 개의치 않았다.

토마스가 우선 즈푸로 여정을 선회했던 것은 조선으로 가는 비용을 마련하고자 하는 목적도 있었다. 그는 전년도에 즈푸 세관에서 통역관으로 일하면서 받았던 월급을 모아 동료에게 빌려주었었는데, 그 돈을 돌려받아 사용할 생각이었던 것이다.

즈푸에서 토마스는 윌리엄슨을 비롯한 옛 동료들의 따뜻한 환대를 받았다. 아내 캐롤라인이 죽은 후 정착하여 8개월이 넘게 지냈던 즈푸는 그에게 익숙하고 편한 곳이었다. 토마스는 그 곳에서 조선에 들어갈 수 있는 방안을 모색했다.

우선 그는 작년에 조선으로 가는 길을 안내했던 김자평과 다른 조선인들을 만나게 되었다. 그들은 토마스가 원하면 이번에도 함께 조선에 가겠다고 하였다. 이 때의 행적은 윌리엄 그리피스William Griffis*의 책 『은자의 나라, 한국』에서 찾아볼 수 있다.

"몇 주일 전에 토마스로부터 스코틀랜드 성서공회 대리인의 자격으로 조선에 들어가겠다는 편지가 왔었다. 리델 신부와 즈푸까지 동행한 적도 있고 윌리엄슨 목사와도 안면이 있는 조선인들이 안내자가 되겠다고 자청하였으며 토마스는 그들과 함께 떠나기로 결정하였다."

미루어 보건대, 토마스는 복음을 위해 자신을 희생할 각오가 되어 있었던 듯하다. 이 당시에 그가 쓴 편지들을 보면 그가 조선의 상황을 얼마나 잘 파악하고 있었는지를 알 수 있다. 거기에 더해 그는 자신이 가지고 있는 자금을 다 털어서라도 조선 땅에 가서 복음을 전하고 싶어 하고 있다.

그런 그에게 어떤 배를 타고 가느냐는 중요한 문제가 아니었다. 다만 작년의 첫 조선 여행을 돌아볼 때 황해를 오고가는 중국 배나 조선 배가 너무 작고 약했다는 것만이 마음에 걸렸을 뿐이었다. 세 번이나 갈아타야 했을 뿐 아니라 풍랑에 파선되어 죽을 고비를 몇 번이나 넘겼

윌리엄 그리피스

윌리엄 그리피스 William Elliot Griffis, 1843 – 1928 미국 필라델피아 출신의 동양학자이자 목사이다. 젊은 시절 남북 전쟁에 참전하기도 하였던 그는 대학에서 자연 과학을 전공하였는데, 1870년 서구 자연 과학의 중요성을 깨달은 일본 정부의 초청을 받아 도쿄 대학의 물리학, 화학 교수를 지냈다. 그 곳에서 일본 연구에 몰두하던 중 고대로부터 일본에 영향을 끼친 한국을 알아야 할 필요성을 느꼈고, 이에 각종 한국 관련 문헌들을 연구하는 한편 현지 답사까지 하였다. 1874년 귀국하여 신학을 전공하고 목회 활동을 하면서 일본사 저술과 함께 한국사 저술도 시작하였으며, 이 공로로 1900년 왕립 아시아학회 한국 지부의 회원이 되었다. 그의 저작 가운데 『은자의 나라, 한국』은 한국에 대한 외국인의 인식을 이해하는 데 중요한 자료이다.

던 것은 엄연한 사실이었다. 또
한 작은 배로는 많은 양의 성경
과 전도 서적을 가지고 가기에
무리가 따랐다. 토마스는 심사
숙고하였다.

제너럴셔먼 호

그러던 중에 7월 29일 즈푸 항에 톈진에서 출발한 제너럴셔먼 호가 도착하였다. 토마스는 헛걸음으로 톈진에 머물렀을 때부터 제너럴셔먼 호가 조선 평양으로 간다는 사실을 알고 있었다. 이제나저제나 기회만을 보고 있던 토마스는 더 이상 망설이지 않고 제너럴셔먼 호 탑승을 결정했다. 들고 가고 싶은 대로 성경을 싣고 경유지 없이 바로 평양으로 들어간다는 말에 가슴의 격동을 참을 수 없었던 것일까?

제너럴셔먼 호의 본래 이름은 '프린세스 로얄'로서 1861년 영국에서 만들어진 범선이었다. 건조된 직후에는 영국 본토와 아일랜드를 오가는 쾌속선으로 사용되다가 1863년 1월에 미국으로 넘겨져 개조되면서 미 해군에서 사용되었다. 1865년 여름에 필라델피아에서 경매에 붙여진 이래로는 상선으로 탈바꿈하였고 이름도 당시에 남북전쟁에서 북군의 승리를 이끌었던 영웅적인 장군 셔먼의 이름을 붙여서 제너럴셔먼 호가 되었다.

그 후 무역선으로 사용되다가 중국 톈진 항에 들어온

고종 황제

것은 1866년 7월의 일이었다. 영국의 메도스 회사(Messrs. Meadows & Co.)에 위탁된 이 배는 톈진에 입항하여 수화물들을 내려놓은 후 선주(船主)와의 타협 하에 조선에서 팔릴 만한 비단, 유리, 바늘, 그릇, 자명종, 천리경 등을 다시 싣고 있었다. 조선과의 교역을 시도하고자 실험적으로 보내지게 된 셈이었다.

길이 54.54미터에 너비 15.15미터, 높이 9.09미터의 위용을 자랑하던 제너럴셔먼 호에는 2개의 돛대가 있었는데, 큰 것은 길이가 45.45미터, 작은 것은 39.39미터였다. 당시 조선은 그렇게 큰 배를 정부 차원에서조차 보유하고 있지 않았기에 상당히 위협적인 모습으로 비쳐졌을 것이다.

토마스가 어떤 신분으로 제너럴셔먼 호를 탔는지에 대해서는 의견이 분분하다. 『고종 실록』*에는 그가 통역을 했다는 사실과 그와 대화한 내용들이 밝혀져 있다.

그러나 제너럴셔먼 호 사건을 두고 중국에 있던 영국 회사와 미국 대사관 그리고 영국 대사관을 오간 여러 자료들을 종합해 볼 때 일관적

고종 실록 高宗實錄   조선 제26대 왕 고종 45년간(1863-1907)의 역사를 1927년 4월 1일부터 1935년 3월 31일 사이에 기록한 책이다. 조선조 역대 실록 체재에 준하여 편년체로 작성된 이 책은 52권 52책으로 구성되어 있으며 원명은 『고종 태황제 실록』(高宗太皇帝實錄)이다. 『승정원 일기』, 『일성록』, 『계제사 일기』 등 각종 기록 2,455책이 편찬 사료로 활용되었다. 이 실록은 한국 근대사 연구에 사료로서 중요한 가치를 지니지만 일제 강점기에 일본인의 간여 아래 작성되었기 때문에 왜곡의 위험성이 없지 않으므로 엄중한 고증이 필요한 책이다.

으로 나타나는 사실은 토마스는 통역 요원이 아닌 분명 승객이었다. 제너럴셔먼 호가 조선으로 간 목적은 1차적으로 무역이었고, 따로 통역 담당 중국인이 탑승하고 있었다.

하지만 토마스가 일반 승객으로 승선했다 하더라도 무역선인 제너럴셔먼 호가 일반 승객을 이유 없이 승선시켰을 리는 없다고 보아야 한다. 벨로네 프랑스 대리 공사와 로즈 제독이 토마스의 가치를 알고 그를 통역관으로 프랑스 함대에 승선시키려고 했듯이, 제너럴셔먼 호 선주는 또 나름대로 조선을 다녀온 경험이 있는 외국인이 틀림없이 무역에 유용하리라고 생각하고 그를 배에 태웠다고 볼 수 있다.

탑승자들을 살펴보자면, 우선 선주인 프레스턴Preston과 그의 친구인 윌슨Wilson, 그리고 선장인 페이지Page는 미국인이었고, 화물 관리인 호가스Hogarth와 선교사인 토마스는 영국인이었다. 그 외에 항해 안내원인 중국 산둥 사람 2명과 베이징에서부터 토마스와 동행해 온 학생이 있었고, 몇 명의 남부 중국인들과 말레이시아 선원들이 있었다. 승무원 수에 대해서는 의견이 분분하지만 대략 총 24명이 그 배에 승선했다고 정리할 수 있다.

그 때까지 서양인이 교역이나 탐사를 위해 조선 해안 지역에 들어왔다가 의도적이든 우연하게든 기독교 복음을 전한 흔적을 찾아볼 수 없는 것은 아니다.

1832년 영국 동인도 회사 소속 무역선인 로드 애머스트 호가 서해안에 찾아왔던 것을 먼저 꼽을 수 있다. 이 배는 극동 아시아 국가들과의 통상 교섭과 시장 개척의 가능성을 타진하는 임무를 띠고 중국, 일본,

귀츨라프의 중국 여행기

조선 등을 방문하는 중이었다. 이 배에는 귀츨라프Karl Friedrich August Gützlaff 선교사가 통역 겸 선의로 승선하고 있었다. 그들 일행은 조선 조정에 교역과 해난 구조 조약海難救助條約의 체결을 청하였으나 거절당하고 말았다. 귀츨라프는 이후 약 한 달간 서해안을 탐사하고 제주도를 바라보며 마카오로 돌아갔다.

그러나 조선 내륙에 복음을 전하겠다는 사명으로 들어와서 선교 활동을 했던 경우는 당시까지는 토마스 선교사가 유일하였다. 그에게는 긍지가 있었다. 첫 조선 전도 여행을 마치고 중국으로 돌아와서 그는 이렇게 기록하고 있다.

"작년에는 어떤 어려움이 있을지도 모르고 조선을 방문했다가 폭풍의 위험과 외국인을 환영하지 않는 분위기에 처했지만, 그럼에도 저는 조선을 처음 방문하여 머문 최초의 기독교 선교사라는 긍지가 있습니다."

그는 자신이 드디어 조선에 가게 되었다는 사실을 1866년 8월 1일자 서신으로 런던 선교회에 통보했다.

"이번에도 상당히 많은 성경책과 기독교 서적을 가지고 출발하며, 이 모든 것이 그 곳 사람들의 환영을 받으리라고 기대하고 있습니다. ……기독교 선교사가 한번 들어갔던 나라에 다시 들어가는 일의 중요성에 대한 지부장 에드킨스 선교사와 다른 여러 선교사들의 제안은, 저로 하여금 조선 내륙에서의 선교를 결심하게 하였습니다. 이는 앞으로 굉장히 유익한 방향의 변화를 불러올 것입니다. 이 알려지지 않은 나라에서의 로마 가톨릭의 실수와 순수한 성경의 가르침을 전파하는 우리의 노력을 이사회가 신뢰할 것을 믿습니다."

베이징을 떠난 지 26일 만인 1866년 8월 9일 목요일, 우여곡절 끝에 토마스는 제너럴셔먼 호에 승선하게 된다. 이번 여행 역시 작년 첫 조선 방문과 마찬가지로 알렉산더 윌리엄슨의 도움이 컸다. 그의 협력 아래 토마스는 런던 선교회 소속 선교사이지만 스코틀랜드 성서공회의 대리인으로서 배에 오른다.

메도스 회사가 제너럴셔먼 호의 최후에 대한 소식을 듣고
베이징 주재 미국 공사 벌링게임에게 보낸 편지 중에서

벌링게임* 각하,

아래에 기명한 영국 회사인 본 메도스 회사는 각하의 협조를 얻기 위하여 아래와 같은 사항을 전하고자 합니다.

지난 7월 말경 미국 범선 제너럴셔먼 호가 텐진 항에 도착했습니다. 건강 때문에 그 배에 타고 있던 선주 프레스턴Preston은 우선 싣고 온 화물을 저희에게 건네 주었고, 다시 상품들을 채워 넣은 후 화물 감독과 함께 그 물건들을 조선으로 보내 팔아 보자고 저희와 합의했습니다.

벌링게임

벌링게임 Anson Burlingame, 1820-1870 1861-1867년에 중국 주재 미국 공사를 지낸 인물이다. 링컨 대통령에 의해 중국에 파견된 벌링게임은 중국이 허약한 중앙 정부 체제에 무역 특권을 위해 혈안이 된 외국 기업들에 의해 위기 상황에 처해 있음을 파악했다. 그는 외교를 통해 분쟁을 해결하고 중국의 근대화를 이루고자 중국과 서유럽 열강들의 협력 정책을 추진했다. 중국 정부는 벌링게임의 이러한 노력에 감동을 받아 1867년 그를 국제 관계 담당 제국 사절로 임명했다. 이후로도 중국의 영토 보전을 도우며 국제 협상에서 중국을 대표하는 활동을 계속하였다.

19세기 미국 범선

 제너럴셔먼 호는 7월 29일에 새 짐을 싣고 즈푸로 떠났습니다. 한편 우리 직원 중 한 명인 화물 감독 호가스Hogarth는 시간을 절약하기 위해 중국인 도선사導船士와 광둥廣東의 화폐 감정인을 대동하고 샤프츠버리 호 편으로 미리 즈푸로 갔습니다. 그리하여 배가 즈푸에 도착하자마자 승선할 수 있었습니다. 또한 조선어를 더 배우고자 다시 조선에 가고 싶어하던 토마스 선교사 역시 승객으로서 제너럴셔먼 호에 승선했습니다.

 이렇게 제너럴셔먼 호가 즈푸를 떠난 그 날 이후로 저희는 지금까지 호가스나 프레스턴으로부터 어떠한 연락도 받지 못하고 있습니다.

 10월 8일, 즈푸에 있는 우리 회사 직원들로부터 문제의 상선이 대동강을 지나는 도중에 조선의 왕의 명령에 불태워졌다는 편지를 한 통 받았고, 우리는 즉시 이 서신의 사본을 윌리엄슨 박사에게 보냈습니다.

10월 20일 즈푸의 직원으로부터 다시 연락을 받았는데, 대동강 입구에서 제너럴셔먼 호의 인도를 맡았던 중국 배junk의 선장을 즈푸에서 만나 보았다는 것이었습니다. 이 남자는 조선인들이 그에게, 조선의 왕이 외국인과의 교류를 반대하고 있다고 말했다고 했습니다. 우리가 보기에는, 조선말을 다소 알고 있는 이 남자가 그 배의 상황에 대해 좀더 알고 있다는 생각이 듭니다. 다만 후에 당국이 그 점에 대해서 자신을 조사할 것을 두려워하여 자기가 알고 있는 내용들을 다 말하지 않은 것 같습니다.

교역차 갔음에도 불구하고 그 방문자들을 모두 죽인 조선 정부의 행동은 서양인의 시각에서 볼 때 결코 정당화될 수 없는 것입니다. 그래서 실례를 무릅쓰고 각하께서 이 문제에 대해 관심을 가져 주시기를 바라는 마음으로 이 편지를 보냅니다. 배를 불태우고 승선한 사람들을 몰살시킨 것에 대하여 조선 정부가 다시는 그와 같은 일을 범하지 않도록 조치해 주시기를 바랍니다.

메도스 회사Messrs. Meadows & Co.가
미국 전권 공사 벌링게임Hon. Anson Burlingame에게
1866년 10월 27일 톈진

> "박(朴)가라는 사람이 며칠 전에 제게 말하기를 '평양에 배포된 책을 한 권 입수하여 정독했다.'
> 고 했습니다. 그는 조선말로 '야소교 책이 매우 좋소이다.' 라고 했습니다."
> _로버트 저메인 토마스

두 번째 조선 여행길,
대동강을 거슬러 올라가

토마스는 조선으로 가는 제너럴셔먼 호 안에서 작년 조선을 방문했을 때 만들었던 노트를 꺼내어 계속 조선말을 연습했다. 그는 배에 승선한 여러 사람들과도 친밀하게 교제하였다. 메도스 회사 측의 편지는 그가 선장 이하 선원들과 좋은 관계에 있었음을 시사해 주고 있다.

> "토마스는 말레이시아 선원들과 남부 중국인 선원들, 그리고 선장과 산둥 출신의 항해 안내자들과 모두 사귈 만큼 인기가 있습니다."

토마스는 지난 겨울 동지사로 베이징에 왔던 일행 중 한 명이 자기에게 성경책을 구해 달라고 부탁했던 순간의 감격을 잊을 수가 없었다.

서해안에서 나누어 주었던 성경책이 이미 평양에까지 들어가 정부 관리들 사이에서 읽혀졌다는 이야기를 직접 들을 그 때 이후로 때로 잠을 못 이루면서까지 평양에 들어가기를 고대해 왔다. 그런데 드디어 평양으로 가는 배를 만나게 된 것이다.

제너럴셔먼 호는 무역선이지만 미 해군에서 사용하던 배라 만일의 사태에 대비해 2문의 대포가 장착되어 있었고 선원들 역시 만에 하나 있을지 모를 사태에 대비해 중무장하고 있었다. 그것이 마음에 걸렸다. 그러나 토마스에게는 하루라도 빨리 평양에 가서 복음을 전하는 것 말고는 무엇도 눈에 들어오지 않았다.

토마스는 첫 조선 여행 때 사귀었던 사람들과, 베이징에서 만났던 동지사 일행들과의 만남을 특별히 더 기대하고 있었다.

제너럴셔먼 호가 처음으로 닻을 내린 곳은 조선으로 들어오는 모든 배가 처음 맞이하는 조선 땅인 백령도 두문진이었다.

외국선이 왔다는 소식을 듣고 그 섬을 책임지던 관리들이 수비대에 공격 명령을 내렸다. 그러나 그 명령은 실행되지 않았다. 배가 중무장을 하고 있는 범선이었기에 감히 공격할 수가 없었다. 또 다른 이유는 이미 백령도를 방문한 적이 있어 안면이 있는 토마스가 배에서 내려 성경을 나눠 주었기 때문이었다. 심지어 그는 군인들에게까지 성경을 나누어 주었다.

훗날 백령도의 최익로崔益魯는 이렇게 증언하고 있다.

"제너럴셔먼 호가 처음 왔을 때 친구들하고 배를 구경하러 갔었다. 그 외국인들 중 한 명이 유독 친절하여 우리를 반갑게 맞이해 주었다. 그 당시에는 그가 우리에게 나눠 주었던 음식들에 대해 잘 몰랐지만, 지금은 그것이 케이크라는 것을 알고 있다.

또한 그로부터 몇 권의 책을 받았는데 후에 조선 군인들의 위협적인 태도에 우리는 그 책을 버리거나 포기할 수밖에 없었다. 우리가 배 근처에 있는 동안 외국인들은 무엇인가를 비비더니 불을 만들어 냈다. 또 당길수록 늘어나는 줄 하나를 보여주었다. 이런 것들을 처음 본 그 당시에는 우리들 모두 놀라지 않을 수 없었다. 그러나 지금은 그것이 성냥과 고무줄이었다는 것을 알고 있다.

정부 관리는 외국인이 나눠 주었던 책 모두를 관청으로 가져오라고 명령한 후에 그 책들을 다시 옹진 해군 관청으로 보냈다."

배는 백령도를 떠나 돛섬에 다다랐다. 그 곳에서 토마스는 작년에 자신을 조선으로 안내했던 중국인 선장 우웬타이于文泰를 만나게 되었다. 당시 그는 42세로서 일 년에 세 차례씩 산둥 반도와 조선을 오가면서 무역을 하고 있었다. 토마스 일행은 네 차례의 조석潮汐 동안 우웬타이의 인도를 받아 대동강 안쪽으로 거슬러 올라갔다.

배가 문우구에 도착했을 때 우웬타이와 그의 선원들은 제너럴셔먼호가 평양까지 가는 것을 반대하였다. 우웬타이는 토마스에게 조선 정부의 입장을 자세하게 이야기해 주었다. 그러나 제너럴셔먼 호의 선장과 선주는 우웬타이의 경고를 염두에 두지 않았다.

결국 우웬타이는 더 이상 안내하는 것을 거절하고 중국 즈푸로 돌아갔다. 애초에 조선 정부가 외국인과의 무역을 금지하고 있음을 알고 있었던 데다가 제너럴셔먼 호의 출현이 조선인들을 자극했다는 것을 깨달았기 때문이었다.

제너럴셔먼 호는 당시 많이 내린 비로 인해 물이 불어난 강을 계속해서 거슬러 올라갔다.

백령 기독교 역사관

항해의 어려움과 불안 가운데서도 승선한 모든 이들은 금지된 땅의 아름다움에 매료되었다. 한편 조선 사람들은 이상한 방문객의 출현에 경계하면서도 호기심을 가지고 관찰하고 있었음을 『조선 왕조 실록』을 통해 알 수 있다. 이 문서에는 제너럴셔먼 호에 승선했던 이들에 대한 기록이 남아 있다.

최난헌崔蘭軒, 토마스 나이 36세, 키 227센티미터, 갈색 머리, 검은 구레나룻, 회색 옷, 중절모, 검은 구두, 가죽 벨트에 권총과 단검 소지, 관리로 생각됨, 영국인

하갈특何噶特, 호가스 나이 37세, 키 212센티미터, 금발, 곱슬 구레나룻, 흰색 줄 모자, 실크 옷, 맨 발에 샌들, 가죽 벨트에 권총과 단검 소지, 군인 장교로 생각됨, 영국인

보래돈普來敦, 프레스턴 나이 48세, 키 227센티미터, 금발, 곱슬 구레나룻, 검은 중절모, 흰 셔츠에 노란 실크 바지, 색 신발, 가죽 벨트에 권총과 단검 소지, 군인 장교로 생각됨, 미국인

파사巴使, 페이지 나이 45세, 키 227센티미터, 곱슬 금발, 곱슬 구레나룻, 검정 옷, 실크 모자, 보라색 셔츠, 검은 구두, 가죽 벨트에 권총과 단검

소지, 주머니 시계 소지, 덴마크인

이팔행, 조반량 나이 각각 30세와 28세, 두 사람 모두 키 212센티미터, 중국식 두발, 구레나룻 없음, 흰색 바지, 검은 구두, 중국인

나머지 승무원들 중국인과 유사한 차림새, 하인으로 보임

이 문서에는 또 한 명의 미국인인 윌슨에 대한 언급이 없다. 또한 당시 27세였던 토마스의 나이가 36세로 잘못 기록되어 있는 점이 눈에 띈다.

8월 17일 금요일 제너럴셔먼 호는 급수문急水門에 도착하였다. 이에 그 지역 감사인 정태식이 부하들과 함께 급수문으로 갔고 다음날 문정관*들을 제너럴셔먼 호로 파견하였다. 제너럴셔먼 호의 승무원들은 이 배는 상선商船이라고 설명하고 교역을 위해 왔다고 하였다. 그러나 문정관들은 서양인들이 내륙 지방에 들어가는 것은 법으로 금지되어 있다고 대꾸하였다.

그러나 제너럴셔먼 호는 평양으로 갈 것을 고집하면서 음식과 장작 등을 교환하자고 하였다. 문정관은 그 요구를 받아들여 쌀 두 자루와 쇠고기 30파운드, 계란 260개, 야채 20꾸러미, 장작 20더미를 바꾸어

조선 수비병과 문정관

문정관 問情官 　조선 후기에 외국 선박이 출현하였을 때나 외국인이 표류하여 왔을 때 그 사정을 조사하기 위해 임시로 설치된 관직이다. 1781년 정조가 '이양선문정사례'(異樣船問情事例)를 제정하여 표류해 온 외국인에게 조선의 풍속을 알리고 효과적인 조치를 취하도록 한 이래 이양선이 나타나거나 외국인이 표류해 오면 항상 문정관이 파견되었다. 문정관은 대개 해당 지역의 수령(守令)이 겸임하여 교섭하였으며, 때로는 역관(譯官)이 이 일을 감당하기도 하였다.

주었다.

정체 모를 이양선異樣船의 출현은 당시 대동강변 조선인들에게는 센세이셔널한 사건이었다. 떠들썩한 소문의 주인공이 된 이 서양 배를 구경하기 위해 2천 명 정도의 사람들이 강기슭에 모여들었다.

19세기 말 장터 풍경

기회를 놓칠세라 토마스 선교사는 보트를 타고 강가로 가서 성경책과 기독교 서적을 나누어 주었다. 이 때 훗날 기독교인이 된 박민우朴敏祐라는 청년도 성경을 받았는데, 그는 토마스 선교사의 설교가 재미있었다고 증언하였다.

배는 그 곳을 떠나 8월 20일 장사포場沙浦에 도착하였는데, 공교롭게도 그 날 근처에서 장이 열렸기에 수천 명이 이 배를 구경하러 왔다.

그 시장에 있던 홍신길洪信吉이라는 소년은 외국 배가 왔다는 소식을 듣고 다른 2명의 친구들에게 배를 저어 그 외국 배를 보러 가자고 설득하였다. 토마스는 갑판에 나가서 그 소년들을 반갑게 맞이하고 그의 방으로 데리고 갔다. 소년들은 책장이 많은 그 방에서 처음으로 케이크라는 것을 맛보았고 또 몇 권의 책도 받았다. 홍신길이 말하기를 그는 그 곳에서 생전 처음 감자를 보았다고 했다. 두세 시간 후에 소년들은 받은 책을 들고 집으로 돌아왔다.

소년 시절 토마스에게 성경을 받았던 홍신길

3명의 소년들 중 한 명인 배자근놈은 토마스에게서 받은 책을 한문 선생인 조부 배측천裵則天에게 보여주었다. 배측천은 위험한 책을 받아 왔다고 소년을 꾸짖고 그 책들을 강에 내다버리라고 했다. 결국 배자근놈은 책을 모두 버렸지만 홍신길과 다른 소년은 얼마 동안 그 책을 가지고 있었다.

같은 날 밤 쑥개艾浦 마을에서 온 9명의 사람들이 토마스를 방문하였다. 그들의 이름은 장인국, 표영보, 지달수, 지달제, 지택구, 지택붕, 지택주, 장용국, 지달해였다. 이 가운데 장용국을 제외하고는 모두 천주교 신자였다.

지달해池達海는 1864년 다블뤼Marie Nicolas Antoine Daveluy* 주교로부터 세례를 받은 후 그 마을에 있는 친척들에게 천주 교리를 전하고 일문 전체가 천주교인이 되도록 한 인물이었다. 지달해 일행은 프랑스 함대가 천주교 박해 때 프랑스 성직자들이 살해된 일을 수습하러 올 것이라고 믿고 있었다. 그들은 천주교인들을 박해에서 벗어나게 해줄 프랑스 정부의 도움을 하루하루 애타게 기다리고 있었다. 그리하여 거의 날마다 포구에 나가 외국인 선박을 찾고 있던 지달해는 제너럴셔먼 호를 보자 틀림없이 그들을 구해 줄 프랑스 배라고 생각하고 말았다.

다블뤼 주교

다블뤼 Marie Nicolas Antoine Daveluy, 1818 - 1866 1841년 사제 서품을 받은 다블뤼는 파리 외방전교회(外邦傳敎會) 선교사로서 마카오, 상하이를 거쳐 1845년 한국 최초의 신부인 김대건(金大建)과 함께 조선에 입국하였다. 이후로 20여 년간을 조선에 거주하면서 선교 활동을 벌였다. 한국의 언어와 풍속을 연구하고 포교서를 번역, 출간하는 한편 한국 초기 천주교의 전래 과정과 박해에 관한 자료를 수집하여 파리로 보내 간행케 하였다. 제4대 조선 교구장으로 임명된 베르뇌(Berneux) 주교를 보좌하면서 조선 왕궁에까지 천주교가 전파되도록 하였다. 1866년 병인박해 때 베르뇌 주교가 참수되자 그의 뒤를 이어 제5대 조선 교구장이 되었으나 그 역시 3일 후 체포되어 순교하였다.

오해였기는 하지만 어쨌든 그는 박수를 치고 자신의 기도를 들어 준 천주님께 감사를 드렸으며 외국선을 환영하기 위한 방법을 논의하기 위해서 비밀리에 마을에 있는 천주교 신자들을 모았던 것이다.

어스름한 저녁, 토마스는 갑판에서 그들을 만났다. 토마스가 프랑스 사람이라고 생각했던 지달해는 그에게 천주교 박해에 대하여 중국말을 써 가면서 설명하였다. 이에 토마스가 조선말로 대꾸하자 그들은 놀랐다. 지달해의 물음에 토마스는 자신은 프랑스인도 천주교인도 아닌 기독교 선교사라고 말하고 곧 종교의 자유가 올 테니 염려 말라고 위로했다. 토마스는 그들에게 성경책과 기독교 서적을 주면서 빅토리아 여왕의 초상이 새겨진 은화를 함께 선사했다.

토마스가 자신이 기독교 선교사라고 말했음에도 불구하고 그 조선인들은 천주교와 기독교의 차이를 이해하지 못하고 그를 프랑스인이라고 생각하였으며 그가 준 은화도 성모 마리아의 형상이 새겨진 것이라고 믿으며 돌아갔다.

나중 이야기이긴 하지만, 결국 그들 대부분은 천주교를 믿는다는 것과 외국인과 교섭했다는 이유로 체포되었고 지달해와 지달수는 1867년 1월 22일 평양의 보통문 밖에서 참수당하고 말았다.

9명의 천주교인들이 방문했던 다음날 아침 10시 반 즈음에 또 다른 문정관이 제너럴셔먼 호로 왔다. 그가 "무엇 때문에 이 곳에 왔는가?" 하고 묻자 토마스는 평양 감사를 만나고 교역을 하려 왔다고 대답하였다. 그리고 비단과 유리, 망원경, 자명종 등을 가지고 왔는데 조선의 쌀, 인삼, 종이, 호랑이 가죽 등과 교환하고 싶다고 했다. 『조선 왕조 실록』

100여 년 전 대동강 모란봉 풍경

에 기록되어 있는 대로 그는 우선 통역자의 임무에 충실하려 했던 것일까? 어찌하였든 문정관은 그의 요구를 거절하였다.

그 날 승무원 6명이 작은 배를 타고 나와서 대동강의 깊이를 측정한 후 제너럴셔먼 호는 다시 평양으로 향했다. 같은 날 배는 평양 근처의 석호정石湖亭으로 이동하였고, 많은 사람들이 이 이상한 외국 선박을 보기 위해서 몰려들었다. 토마스는 이 곳에서도 성경책과 기독교 서적을 나누어 주었다.

김영섭金永燮이라는 사람은 토마스로부터 『진리역지』眞理易知라는 책을 한 권 받았는데, 그 책을 남몰래 거듭해서 읽다가 마침내 기독교의 진리를 알게 되었다. 그는 아들 김종권金宗權과 조카 김성집金成集에게도 그 진리를 가르쳤고, 후에 그 둘은 장로 교회의 장로가 되었다. 김종권 장로는 그 책을 1923년까지 가지고 있다가 아깝게도 그 해에 난 큰 홍수로 잃어버렸다.

8월 22일 배는 만경대萬景臺 근처의 작은 섬 두로도頭老島에 닻을 내렸다. 토마스는 이 곳에서도 약 100여 권의 성경을 나누어 주었다.

대원군의 철저한 쇄국 정책 아래 있던 때였기에 군사들이 이양선의 출현에 촉각을 곤두세우는 것은 지극히 당연한 일이었다. 거기다 통상이 목적이라고 하면서도 거절과 저지에도 불구하고 평양 만경대까지 올라온 행태는 사실 이해하기 어려운 것이었다.

박규수

당시 평안도 감사 박규수朴珪壽*는 제너럴셔먼 호가 공격해 올 것을 대비하기 위해 만경대를 둘러싸는 방어선을 구축하라고 명령하였다. 배가 대동강에 들어오면서부터 시작된 늦장마로 강물은 있는 대로 불어난 상태였다. 큰 배는 불어난 물에 쉽게 움직일 수 있다는 이점이 있었지만 작은 배들은 범선에 다가가기가 어려웠다. 서로가 지켜볼 수밖에 없는 상황에 짐짓 긴장감이 돌고 있었다.

박규수 朴珪壽, 1807 - 1876 조선 말기의 문신이자 개화 사상가로서, 실학자였던 연암 박지원(燕巖 朴趾源)의 손자이다. 1848년 병과로 급제하였으며, 1860년 청나라에 가서 급변하는 국제 정세를 목격한 후 중국의 문인들과 교유하면서 견문을 넓혔다. 1862년 진주 민란을 수습했고, 1866년에는 미국 상선 제너럴셔먼 호와의 대치 사건을 종결시켰다. 1872년 다시 청나라 사신으로 가서 청의 양무 운동(洋務運動)을 보고 개국과 개화의 필요성을 절실히 느꼈다. 이후 흥선 대원군에게 문호 개방을 역설했지만 뜻을 이루지 못하고 사퇴한 후 양반 자제들에게 실학적 학풍을 전하고 국제 정세를 가르쳐 개화파 형성에 결정적인 역할을 하였다.

Note

백령도 풍경

심청 기념관에 있는 백령도 모형

백령도의 복음의 결실

백령도는 인천에서 북서쪽으로 191.4킬로미터 떨어진 곳에 위치한 서해 최북단의 섬이다. 원래 이름은 곡도이지만, 따오기가 흰 날개를 펼치고 공중을 나는 모습처럼 생겼다 하여 백령도白翎島라는 이름으로 불리게 되었다.

심청 전설로도 유명한 이 섬은 초기 기독교 복음화 과정에서 문자 그대로 관문 역할을 했다. 1816년 클리퍼드H. J. Clifford와 바실 홀Basil Hall이 조선에 처음 도착하여 복음의 씨앗을 뿌린 곳이 바로 이 곳이었으며, 1832년 조선을 방문한 최초의 개신교 선교사 귀츨라프Karl Friedrich August Gützlaff가 상륙한 곳도 훗날 백령도의 모교회가 세워지는 중화동이었다. 1865년과 1866년 두 차례에 걸쳐 조선을 찾아온 토마스 선교사의 여정 역시 이 곳 백령도에서부터 시작되었다.

이렇게 해서 심어진 복음의 씨앗은 1898년 중화동 교회가 설립되면서 눈에 보이는

백령 기독교 역사관

열매를 맺기 시작했다. 이 교회는 미국 북장로회 선교사들이 관할하는 황해도 지역의 교회로 자리를 잡아갔고 1900년 고명한 언더우드 Horace Grant Underwood 선교사가 방문하여 성례식을 베풀고 백령도 최초의 세례 교인들을 탄생시켰다. 현재 복음화율이 가장 높은 지역 가운데 하나로서 일찍이 찾아왔던 복음의 튼실한 열매를 자랑하고 있다.

중화동 교회

중화동 교회 유적

"두만강을 지나는 많은 조선인 가정들이 러시아 땅에 조용히 정착하였습니다. 러시아 군인은 많으나 상인은 적고 선교사는 한 명도 없다는 것이 참으로 슬픕니다." _로버트 저메인 토마스

제너럴셔먼 호를 향한
돌팔매질

8월 27일, 제너럴셔먼 호의 승무원 6명이 작은 배를 타고 평양의 한 사정閑似亭으로 향했다. 그 당시 순시대장이었던 중군 이현익李玄益이 그 배를 뒤쫓았으나 오히려 제너럴셔먼 호 승무원들에 의해 억류되었다.

숨막히는 듯한 대치 상태는 이로써 종료되었다. 이 때부터 제너럴셔먼 호와 평양 관민은 전쟁 상태에 돌입하게 되었다.

중군 이현익이 사로잡힌 이유에 대해서는 이흥권李興權이 쓴 『패강록』浿江錄을 보면 알 수 있다. 이에 따르면, 제너럴셔먼 호 선원들이 자신들을 찾아온 문정관에게서 공식 문서를 찾아내었는데, 그 문서는 배와 승무원들을 어떻게 할 것인지에 대한 계획서였다. 조선 관리들의 계획은 승무원들을 모두 평양으로 유인하여 죽이려는 것이었다. 이에 놀란

제너럴셔먼 호 선원들은 궁여지책으로 중군 이현익을 인질로 잡았던 것이다.

순식간에 붙잡혀 본선으로 끌려간 이현익은 그 곳에서 자신의 인장 역시 빼앗겼다. 조선 법에 따르면 군인이 공식 인장을 잃어버리면 누구든지 참수되거나 귀향을 가게 되어 있었다.

1900년경 평양 대동강 연관정

제너럴셔먼 호의 입장은 평양의 정부 관리를 만나 자신들의 안전을 보장받는다면 그를 풀어 주겠다는 것이었다. 평양 당국은 이 요구를 거절하였고, 강가로 나와 있던 군중들은 이현익을 풀어 주라고 소리를 지르고 돌을 던졌다. 분노한 평양 군관민 앞에서 이제 제너럴셔먼 호는 처단받아 마땅한 침입자일 뿐이었다.

적개심이 극에 달한 평양 관군은 이 이양선이 황강정黃江亭을 지날 때 일제히 사격을 시작하였고, 8월 28일 9시 제너럴셔먼 호 측에서도 발포하기 시작하였다. 같은 날 오후 4시경 퇴역 장교 박춘권朴春權*이 혼자서 배를 저어 가서 이현익을 구출해 냈다. 박춘권은 이 날의 공로로 후에 벼슬까지 하게 된다. 아이로니컬하게도 그는 훗날 평양 장로 교회 최초의 교인이 된 인물이기도 하다.

이현익이 탈출한 이후로 제너럴셔먼 호 측은 당혹감이 커지면서 더

박춘권 朴春權 조선 말기 평양 중군(中軍) 이현익 휘하의 관군으로 6척 장신에 기골이 장대하고 용맹했던 인물로 알려져 있다. 1866년 제너럴셔먼 호를 문정하기 위해 배에 오른 이현익이 억류되었을 때 몰래 배에 접근하여 구출해 내는 데 성공하였다. 제너럴셔먼 호에 대해 펼친 화공 작전에 깊이 간여하고 직접 토마스 선교사를 죽였다는 설도 있지만 확실하지 않다. 어쨌든 그는 공을 인정받아 오위장(五衛將)에 오르게 되었다. 놀랍게도 30여 년 후 모펫(Samuel A. Moffet) 선교사가 평양에서 선교 활동을 벌이고 있을 때 찾아와 신앙 생활을 시작했으며 안주(安州) 교회의 영수라는 직분을 감당하였다. 일설로는 토마스 선교사가 숨지기 전 건네 준 성경책을 읽는 중에 감명을 받은 결과라고 한다.

욱 난폭하게 대응 사격하였다.

　이 때 평안 감사 박규수는 이미 왕궁에 보고서를 보내고 공격 명령을 기다리고 있는 상태였다. 보고서에서 그는 그 동안의 정황을 상세하게 설명하면서 제너럴셔먼 호에 승선한 사람들 모두를 죽이고 배 역시 불태우는 것을 허락해 달라고 청하였었다.

　제너럴셔먼 호가 평양에 들어선 뒤 2주간에 걸쳐 계속되었던 대치 상황은 점점 더 불행한 종국을 향해 치닫고 있었다.

"하나님은 이미 세상을 창조하시기 전부터 죄를 범한 인간을 회복하시기 위하여 준비하셨습니다. 때가 차매, 하나님의 아들이 동정녀 마리아에게 성령으로 잉태되어 완벽한 육신을 입으시고 이 땅에 오셨습니다. 그분은 인간이며 동시에 하나님이십니다. 저는 그분의 생애와, 그 보상으로 영생을 얻게 하신 그분의 가치 있는 죽으심을 믿습니다." _로버트 저메인 토마스

조선 땅의 첫 기독교 순교자

9월 3일, 조선 궁중에서는 회의를 열고 평양 감사 박규수의 보고서를 근거로 제너럴셔먼 호 사태의 대안을 모색하였다. 그리고 드디어 고종은 제너럴셔먼 호에 대한 공격을 허락하였다.

제너럴셔먼 호의 최후가 임박해 오고 있었다. 불운은 겹쳐서 오게 마련인 것일까? 불어났던 강의 수위가 점차 내려감에 따라 제너럴셔먼 호는 당황하여 대동강 하구로 후퇴하려고 하였으나 올라올 때와는 달리 수로를 찾지 못하였다.

견딜 수 없게 된 그들은 같은 날, 제너럴셔먼 호의 대표자와 통역을 하선시켜 화해의 의사를 표하며 승무원들의 안전을 보장받고자 했다. 그러나 조선 측에서는 그들 모두가 하선하여 항복해야 한다고 하였다.

이 때 대화를 나누던 제너럴셔먼 호 대표자가 본선을 향하여 신호를 보내자 그들은 다시 대포를 쏘기 시작하였고 더 이상 타협의 가능성이 없어지게 되었다.

그리고 1866년 9월 4일 그믐이었기에 달빛도 없는 어두운 밤, 제너럴셔먼 호는 물이 빠져 나간 강의 진흙 바닥에 좌초되고 말았다. 절정에 달한 위기 상황에 종지부를 찍듯 그들은 결국 한사정을 마주한 작은 쑥섬에 갇히게 되었다.

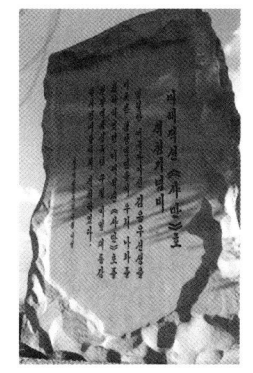

북한에 있는 제너럴셔먼 호 격침 기념비

다음날인 9월 5일 박규수는 유황을 뿌린 잡목들을 실은 거룻배를 준비하라고 명령을 내렸고 솔가지와 풀을 가득 실은 그 배에 불을 붙여 떠내려보냈다. 좌초되어 옴짝달싹 못하고 있던 제너럴셔먼 호는 불타는 배들이 닿자 걷잡을 수 없는 불길에 휩싸였다.

평안도와 그 주위의 유명한 사냥꾼들까지 합세한 조선 관민의 맹렬한 총탄과 화살 공격에 이미 고슴도치 같은 형색을 하고 있었던 제너럴셔먼 호는 이제 승선자 전원이 몰살될 상황에 놓이게 되었다.

자신의 모든 것을 걸고 복음을 전하겠다는 각오로 대동강을 거슬러 올라왔던 토마스는 이 때 어떤 마음이었을까? 그 동안 배에서 내려 보지도 못하고 그저 찾아오는 사람들에게만 복음을 전하며 가슴을 태우던 그의 눈에 적개심에 싸인 사나운 이방 민족과 금방이라도 무너질 듯 타오르는 갑판과 공포와 혼란으로 우왕좌왕하는 선원들이 어떻게 비쳐졌을까? 빗발치는 총알과 화살은, 그리고 발악하듯 쏟아댄 포탄으로 자욱한 포연은 그에게 자신의 이생에서의 삶이 끝나가고 있음을 깨닫게 하지 않았을까? 27세의 청년, 로버트 저메인 토마스는 그 순간에 어떤 결단을 내렸을까?

1918년부터 조선에서의 토마스의 행적을 조사하면서 토마스를 만나 성경을 받거나 그와 면담을 했던 조선 사람 200여 명을 만나 보고 1928년 『도마스 목사전』을 썼던 오문환吳文煥 장로는 토마스의 마지막 상황에 대하여 아래와 같은 글을 남겼다.

"토마스는 죽기 전에 뱃머리에서 용감하게도 홀로 '야소'를 외치고 남은 성경을 뿌렸다."

당시 20대 청년이었던 황명대黃命大는 친히 목격하였던 이 광경을 오문환에게 증언하여 그가 토마스 전기를 쓰는 데 도움을 주었다. 증언할 당시 80세의 고령이었던 그는 평양 부근 장로 교회의 신자였다. 이 대동군 대동강면 조왕리 교회는 1932년 토마스 목사 기념 교회로 선정되었다. 또한 평양 신학교 1회 졸업생으로 조선 교회에 큰 영향을 끼쳤던 한석진韓錫晉* 목사는 오문환 장로에게 다음과 같은 편지를 보내고 있다.

"제가 평양에 온 것은 임진년 10월 즉 주후 1892년으로 토마스 선교사가 순교한 지 26년이 지난 때였습니다. 이 때 성경을 팔며 전도하러 다니면서 소문을 들었는데, 토마스 목사의 순교를 목격한 사람들의 이야기가 제너럴셔먼 호가 불에 탈 때 바깥으로 성경을 던지면서 '야소! 라고 외치는 소리를 들었다는 것이었습니다. 지금 제가 전도하는 내용과 팔러 다니는 책자가 당시에 그 서양인이 배에서 던진 것과 같은 것이라는 이야기도 들었습니다. 또한 당시 듣고 본 것들을 제 전도 활동을 통해 지금에서야 깨닫게 되었다는 말도 들었습니다."

제너럴셔먼 호 당시 11세였던 최치량崔致良은 숙부와 함께 구경하러 갔다가 토마스 선교사가 뿌린 성경 3권을 얻어 가지고 돌아왔고, 그 때 20세였던 여인 이신행도 한 권을 가지고 집으로 왔다. 그 후 그녀는 여자로서는 평양 최초의 교인이 되었으며, 그녀의 아들인 이덕환李德煥도 오랫동안 평양 장대현 교회의 장로로 시무하였다.

이들 말고도 토마스가 마지막 힘을 모아 던진 성경을 주운 사람은 몇 명의 정부 관원들을 포함해서 상당수에 달했다.

그런데 며칠 후에 제너럴셔먼 호에서 받은 책을 가지고 있는 사람은

한석진

한석진 韓錫晋, 1868 - 1939 한국 교회가 낳은 최초의 장로교 목사 7인 중 한 명이다. 1891년 모펫 선교사에게 세례를 받고 평양 장로회 신학교(평양 신학교)에 입학하였으며 1907년 마침내 최초의 졸업생이 되었다. 그 해 소집된 제1회 대한장로회 독노회에서 목사 안수를 받은 후 목회 활동에 전념하였다. 1909년 『예수 교회보』 사장에 취임하면서 언론 및 문필 활동도 펼쳤으며 한때 일본 선교사로 파송되기도 하였다. 교회 연합 운동에 매진하는 한편, 성직에 나서기 전에 이미 독립협회 활동을 시작하는 등 민족 운동에도 남다른 열의를 보였다.

모두 체포하라는 관령이 내려왔다.

그 책을 소지하고 있던 사람들은 대부분 태워 버리든지 강에 던지든지 하였으나 영문주사로 있던 박영식朴永植은 사람들이 버린 성경을 수집하여 평양 대동문 안에 있던 자기 집의 벽지로 사용하였다.

토마스 선교사에게
성경을 받은 최치량

그 후에 앞서 언급했던 최치량이 박영식의 그 집을 사서 여관으로 경영하던 중 처음 평양을 방문한 모펫Samuel A. Moffet* 즉 마포삼열馬布三悅 선교사와 한석진 목사 등을 투숙시키는 인연을 맺었다.

이들의 전도로 최치량은 평양 최초의 교인 가운데 한 사람이 되었으며, 그의 집은 훗날 교회가 되었다.

평양에서 처음으로 전도를 시작한 모펫 선교사에 의하면, 평양 대동문 안에서 교회를 열었을 때 토마스에게 얻은 성경을 가지고 온 사람들이 많이 보였다고 한다.

다시 돌아가서, 화살로 뒤덮이고 포연이 자욱한 뱃전에 서서 자신이 이제 곧 죽음의 문을 열게 될 것을 깨달은 토마스의 미간은 망설임과

모펫

모펫 Samuel A. Moffet, 1864 – 1939 미국 북장로회 선교사로 한국명은 마포삼열(馬布三悅)이다. 1890년 내한한 후 몇 차례에 걸쳐 전도 여행을 하였고 특히 서북 지방 전도에 관심을 가졌다. 1883년 평양 선교부를 설치하고 한국 개신교 최대 교세 지역으로 성장시켰으며, 1901년 평양 장로회 신학교를 세우고 초대 교장을 지냈다. 1918 – 1928년까지 숭실 중학교와 숭실 전문학교의 교장을 역임하는 한편 평안도 지역에 많은 학교를 설립하였다. 일제 치하에서 한국 기독교인들이 보인 민족적인 요구와 행위를 이해하고 협력하였던 그는 1936년 귀국할 때까지 한국 교회의 교육과 전도 활동에 전력을 다하였다.

결단 사이에서 창백해져 있었다. 제정신을 차리기 어려운 절대절명의 순간 그는 언제나 그러했듯이 자신이 할 수 있는 최선의 길을 생각해 내려고 애를 썼을 것이다.

애초에 그는 교역을 위해서도 침탈을 위해서도 이 이국의 강을 거슬러 온 것이 아니었다. 그는 오로지 그가 받았다고 믿은 사명에 따라 조선 내륙 선교만을 꿈꾸었을 뿐이었다. 그에게 통절함을 느낄 시간이, 여유가 있었을까?

우리가 알 수 있는 것은 불길이 치솟고 비명소리가 난무하는 북새통 가운데 그가 일어나 조선인에게는 낯설기만 한 한 단어를 거듭해서 외쳤다는 것이다.

예수! 예수! 예수!

그의 인생을 좌우했던 거룩하신 이름을 연신 외치며 그는 혼신을 다해 배 바깥으로 성경과 기독교 서적들을 던지고 전도지들을 뿌렸다. 젊디젊어서 더욱 갸륵하게 보이는 비전이었건만 그것이 그 짧은 순간 그가 할 수 있는 일의 전부였다. 그로서는 아마 상상도 하지 못했을 것이다. 자신의 마지막 수고로 얼마나 많은 조선 사람들이 하나님의 말씀에 접하게 되는지를…….

제너럴셔먼 호가 불길에 휩싸였을 때, 선원들은 물로 몸을 던지기도 하고 불쏘시개 역할을 했던 거룻배로 뛰어내리기도 하였다. 그러나 필사적으로 헤엄쳐 나온 선원들은 결국 강변에 정렬해 있던 군인들의 곤봉에 맞아 죽거나 창에 찔려 죽었다.

마지막으로 남은 성경 한 권을 가슴에 품고 토마스도 배에서 뛰어내렸다. 거칠게 물가로 끌려나온 그는 대동

혜촌 김학수의 '토마스 목사의 죽음'

강 백사장에 두 무릎을 꿇고 머리를 숙여 기도드리기 시작했다. 모래투성이의 흠뻑 젖은 머리를 든 청년은 희미하게 미소 짓고 있었다.

그는 가슴을 더듬어 품안에 있던 성경을 꺼내어 바로 앞에 선 관군에게 건네었다. 담담히 가라앉아 있는, 그 병사의 처지를 이해한다는 듯한, 마지막 호의를 다하는 그 말없는 미소가 그 역시 절박한 순간이었을 일개 병사에게 어떻게 이해되었을까? 시간의 흐름이 멈춘 듯한 찰나의 순간에 그 병사는 주춤했으나 이내 그의 칼은 무릎을 꿇고 있어도 껑충한 청년의 가슴을 꿰뚫고 말았다.

그리고 세상의 눈으로 보았을 때는 가련하기 이를 데 없는 청년의 주검 옆에 떨어져 있는 책을 병사는 주워 들었다. 그것이 성경인 줄도 모르고 품에 갈무리한 채 귀가한 그는 가족들에게 이렇게 말하였다.

"내가 오늘 서양 사람을 죽였는데 아무리 생각해도 이상한 점이 있다. 내가 그를 찌르려고 할 때에 그는 두 손을

마주잡고 무슨 말을 한 후에 웃으면서 책 한 권을 내밀며 받으라고 권하였다. 결국 그를 죽이기는 했지만, 그 책을 받지 않을 수가 없어서 가지고 왔다."

평남 강서 군수였던 김상필金相弼의 증언에 의하면, 고향인 정주의 백몽운白夢雲도 그 때에 군인으로 제너럴셔먼 호 사건에 참전하였는데, 몇 해 후에 '그들이 전한 책자를 보니 그들은 선교를 하러 왔었다.'고 말하였다고 한다.

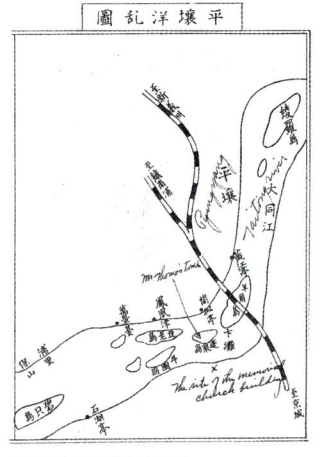

평양 양란도(平壤洋亂圖)

로버트 저메인 토마스, 그는 이렇게 해서 자신의 생일을 이틀 앞둔 1866년 9월 5일 평양 한사정이 바라다보이는 대동강 쑥섬 모래사장에서 생을 마감하였다.

그의 넘치던 재기와 열정은 서방인의 눈에는 낯설기만 한 섬 한 모퉁이에 묻히고 말았다. 그러나 그가 꿈꾸었던 비전은 아직 사그라진 것이 아니었다. 여러 난관과 자기 약점을 부수고 뛰어넘으며 오로지 복음을 위해 자신의 젊음을 헌신한 그는 이제 조선 땅에 최초로 복음을 전하러 온 선교사였다. 그리고 기독교 선교사로서는 처음으로 순교의 피를 뿌린 자가 되었다.

시인 원천석元天錫은 '눈을 맞아 휘어진 대나무를 누가

굽었다고 할 수 있겠느냐'고 호소한다. '눈'이라는 외부적인 압력에 휘어졌다 하더라도 그 '휘어짐'은 '눈'이라는 시련과 고통을 견뎌내는 지절志節의 정신일 뿐이라는 것이다.

토마스는 휘어졌다. 그러나 시대 상황과 인간의 모자람에 눌린 그 휘어짐은 굽힘이 아니었다. 그러므로 감히 말할 수 있으니, 그가 알 리 없었던 옛 시조에 나오는 선비들처럼 그의 복음 전파에 대한 열정과 의지는 눈 속에 푸르른 대의 절기에 다름 아니었다.

토마스 선교사의 무덤

Note

오문환 장로

오문환의 『도마스 목사전』

오문환(吳文煥, 1903–1962)은 평양 출신의 장로 교회 장로로서 교육가이자 언론인으로 활약한 인물이다. 숭실 대학 졸업 후 교편을 잡다가 1923년에 『평양 양란』(平壤洋亂)을 간행함으로써 한국 기독교사에 큰 전환을 이루었다. 한편, 토마스 선교사에 대한 연구를 계속하여 1928년 『도마스 목사전』을 집필하고 기념 사업도 추진하였다. 이후로도 다수의 학교를 설립 또는 재건하여 인재 양성에 힘썼으며, 교육과 언론 사업뿐만 아니라 선교 활동에도 적극적이어서 6·25 때는 새로 건조한 토마스 호를 타고 다니며 도서(島嶼) 지방 전도에 주력하여 71개 교회를 설립하였다.

그가 집필한 『도마스 목사전』의 결론 일부를 살펴보자면 아래와 같다.

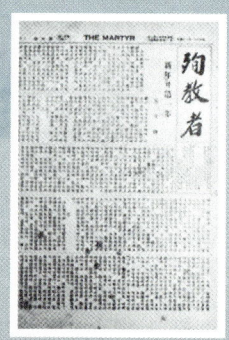

오문환 장로가 실무를 맡아 보았던 기관지 『순교자』

"……조선 기독 교회사에 분수령을 세운 토마스 목사는 그만 봉래도(쑥섬) 상단에 일배토(一杯土)만을 남겨두고 멀리 천국을 향하고 말았다. 금단의 이국 땅에 첫 발걸음을 디딜 때부터 물론 만사를 주께 맡기고 일신을 주께 바쳐 창검의 두려움을 개

토마스 선교사가 순교한 쑥섬 강변에 선 오문환 장로

의치 않았을 것도 사실이려니와 기독교의 횃불을 높이 들어 반도의 산하를 개척하려 한 웅대한 계획의 실현을 보지 못하고 눈을 감은 토마스 목사의 한이 얼마나 컸으랴!

…… (그러나) 복음의 사자가 들어오는 것을 막으려고 쌓았던 만경대萬景臺의 토성도 무너지고 하나님의 충복을 살해하고도 오히려 그것이 영광이라 하여 세우려던 선정비善政碑도 만경대 정상에 서지 못하고 누워 있으나 토마스 목사의 백골이 묻혀 있는 봉래도에는 주일이 되면 사방에서 울려대는 교회 종소리가 여울물 소리와 함께 어울려 대기를 흔들고 있으니, 그 백골일망정 감각이 있다면 기뻐 날뛰지 않을 수 없을 것이며 쌍수를 들어 여호와의 위대하신 능력을 찬양해 마지않을 것이다……."

에필로그
한 알의 밀알은 풍성한 열매를 맺고

　로버트 저메인 토마스는 기독교 선교사로서는 처음으로 조선 내륙에까지 복음을 전하러 들어왔다가 죽음을 당하였다.
　순교殉教의 사전적 정의는 '자기가 믿는 신앙을 위하여 목숨을 바치는 것'이다. 그런 의미에서 토마스는 자기가 믿는 신앙을 전파하기 위하여 왔다가 죽음을 당한 기독교 선교사 최초의 순교자다. 이런 토마스의 죽음은 실패였을까? 아니면 성공이었을까?
　초대 교회 교부 가운데 한 사람인 테르툴리아누스Tertullianus는 "순교자의 피는 교회의 씨앗이다."라고 했다. 성경은 "내가 진실로 진실로 너희에게 이르노니 한 알의 밀이 땅에 떨어져 죽지 아니하면 한 알 그대로 있고 죽으면 많은 열매를 맺느니라"요한복음 12:24고 하였다. 앞 장에서 밝힌 대로 토마스의 도전과 죽음은 무의미한 것이 아니었다.
　그의 순교가 조선 교회에 끼친 영향을 정리하자면 다음과 같다.

　첫째, 그가 가지고 온 성경에 의하여 훗날 초기 한국 개신 교회의 신자들이 생겨났다. 앞에서 이미 살펴보았듯이 토마스가 전해 준 성경을 읽고 기독교인이 된 사람이 적지 않았다. 또한 끝까지 성경을 나누어 주다가 죽은 토마스에 관한 이야기는 세대를 거치면서 감동과 함께 전달되었고, 그로 인해 더해진 성경 사랑은 하나님의 말씀에 근거한 올바른 신앙을 전수받고 키우는 데 지울 수 없이 큰 역할을 했던 것이다.

오늘날 한국 교회가 세계 여러 교회에 복음주의 신앙의 모델로 제시되고 있는 것은 초창기부터 바르게 세워진 성경에 기초한 신앙 때문이라고 볼 수 있다.

둘째, 그는 기독교 순교자의 모델이 되었다.

한국인으로서 최초의 기독교 순교자는 백홍준白鴻俊*이었다. 그는 초창기 기독교인 가운데 한 사람으로서 성경을 국내에 반입하여 배포하다가 우리나라의 전통과 예법을 문란케 하는 책을 퍼트렸다는 죄목으

최초의 장로교회 조사들(좌측 인물이 백홍준)

백홍준 白鴻俊, 1848 - 1893 한국 개신교 최초의 순교자이다. 평안북도 의주 출신으로 1874년 만주 고려문(高麗門)을 방문했다가 스코틀랜드 장로 교회 선교사인 로스(John Ross)와 매킨타이어(John Mcintyre)와 만나 개신교 신자가 되었다. 만주 뉴좡(牛莊)에서 선교사들에게 한국어와 한국 역사를 가르쳤으며, 1876년 이응찬, 이성하 등과 함께 세례를 받고 한문 성경을 한국어로 번역하는 작업에 착수하였다. 1887년 『예수성교젼서』라는 이름으로 신약성경 전권을 출간하고 만주와 평안도 지방을 다니면서 전도 사업을 하였다. 최초의 장로로 추대된 이후로도 외국 선교사들의 안내자 역할을 감당하다 1892년 체포되어 모진 고문을 받고 옥사하였다.

에필로그_한 알의 밀알은 풍성한 열매를 맺고

로 투옥되었고 결국 1893년 의주 감옥에서 모진 고문을 받다가 순교하였다.

한국 교회는 구한말에는 이단 사설을 전한다는 이유로, 일제 시대에는 신사 참배를 거부한다는 이유로, 이미 240여 명의 순교자가 배출되었고, 한국 전쟁을 겪으면서는 공산주의자들의 유물론적 혁명 투쟁에 반한다는 이유로 약 900명의 순교자가 배출되었다. 이미 1,200여 명의 순교자가 나온 한국 땅에서 프로테스탄트 선교사로서는 처음으로 순교한 토마스는 기독교 신앙을 지키다가 죽어간 기독교 순교자들에게 있어 모델이 되기에 충분하였다.

『조선 최초의 기독교 선교사』Korea's First Christian Martyr라는 글에서는 이렇게 말하고 있다.

"북한 공산당이 장악해 들어가기 전에 적어도 1952년까지는 평양 대동강에서 있었던 로버트 저메인 토마스 목사의 순교를 모르는 사람이 없었다. 그의 순교는 신앙인들에게 위대한 정신적 지주가 되어 왔음에 틀림없다. ……조선에 와서 복음을 전한 영웅적인 행동은 그의 비극적인 죽음과 함께 그 당시에는 널리 알려져 있었다."

한국 교회가 시작된 이후부터 토마스 선교사의 이야기는 함께 회자되었고 그 사실을 모르는 기독교인은 없었다고 볼 수 있다. 따라서 그의 순교자적인 정신과 삶으로부터 이후의 복음 전도자들과 사역자들을 비롯한 여러 신자들이 복음을 위하여 자신의 목숨을 버릴 수도 있다는 마음가짐을 배웠으리라고 생각하는 것은 무리가 아니다.

셋째, 토마스 선교사의 죽음이 서구 사회에 알려지면서 해외 교회와 선교사들이 조선 선교에 구체적인 관심을 갖게 되었다. 이제까지 '은자의 나라'라고 불리며 감싸여 있던 베일이 벗겨지게 되는 순간이었다.

전도 여행하는 선교사들(1891)

토마스 선교사와 제너럴셔먼 호 사건은 유럽과 미국의 각 신문에서 톱기사로 다루어졌다. 토마스의 아버지 로버트 토마스 목사도 쿰브란 Cwmbran 신문사에 두 번에 걸쳐 다음과 같은 편지를 보내었다.

"나의 사랑하는 아들의 많은 친구들이 아들의 슬픈 죽음에 관하여 더 자세한 것을 알고 싶어하리라고 생각하며, 아래 편지를 다음 호에 실어 주실 것을 부탁드립니다. 이 편지는 며칠 전에 베이징에서 아들과 함께 사역했던 조셉 에드킨스 목사에게 받은 것입니다" 1867년 3월 18일.

"며칠 전에 베이징 주재 미국 대사에게서 온 편지를 받았습니다. 이 내용을 다음 호에 게재해 주신다면 감사하겠습니다" 1867년 7월 23일.

즈푸에서 사역하던 알렉산더 윌리엄슨은 토마스의 조선 방문을 물심양면으로 도왔던 선교사였다. 토마스의 죽음에 대하여 자신에게 책임이 있다고 생각했던 것일까? 아니면 토마스 선교사가 못다 한 사명을 마저 감당하기 위해서였을까?

그는 토마스가 죽은 지 1년이 지난 1867년 9월 9일부터 만주 고려문 高麗門에서 조선인들을 대상으로 전도를 시작하였다. 조선과 청나라 사이의 국경 역할을 하던 압록강 북쪽에 있는 봉황성鳳凰城 책문柵門 부근의 이 마을은 중국을 오가는 조선 사람들이 자주 들르는 곳이었다.

1872년 8월 23일에는 윌리엄슨을 돕기 위해서 스코틀랜드 장로 교단 소속의 존 로스John Ross* 선교사가 즈푸로 입국하였다. 윌리엄슨은 존 로스에게 조선에 대한 정보와 함께 토마스 선교사의 순교 소식을 전해 주었고, 그 때부터 로스는 남다른 감정으로 조선 민족을 바라보게 되었다.

그는 1874년 중국과 조선의 국경 지역으로서 합법적인 교역이 이루어지고 있던 고려문을 방문하여 조선인들과 접촉하였다. 1876년 3월 강화도 조약에 의하여 조선의 문호가 개방되었다는 소식을 듣고는 9월 말에 다시 고려문을 찾아가 이응찬李應贊으로부터 조선어를 배웠고, 백홍준白鴻俊, 서상륜徐相崙, 이성하李成夏 등과 함께 성경 번역을 시작하였다.

그는 중국에 파송된 선교사가 조선어 성경을 번역한다는 이유로 스코틀랜드 선교부로부터 비난을 들으면서도 그 사역을 계속하여 1882

존 로스

존 로스 John Ross, 1842-1915 스코틀랜드 장로교의 목사로서 중국에서 활동하는 한편 한국 개신교 선교에 있어서도 공헌한 선교사이다. 에든버러의 신학교를 졸업한 후 중국 선교사로 파송되어 1872년 이래로 만주에서 선교 활동을 펴다가 한국에 관심을 갖게 되었다. 1874년 이응찬을 만나 한국어를 공부하기 시작했으며, 이어서 동료 선교사 매킨타이어(John Mcintyre)와 함께 전도 문서들을 작성하고 성경 번역을 시도했었다. 1884년 마가복음, 마태복음을 시작으로 한 이 사업에 의해 신약 전문의 번역이 1886년에 완료되었고, 1887년 일명 '로스 번역'으로 불리는 최초의 한글 성경, 『예수성교전서』가 세상 빛을 보게 되었다.

년 누가복음과 요한복음을 완역하였다. 1884년에는 마태복음과 마가복음을 간행하였고, 1887년에는 신약성경 전체를 인쇄할 수 있게 되었다. 3,000부가 간행된 이 『예수셩교젼서』는 조선어로 된 최초의 성경이라고 할 수 있다.

예수셩교젼셔

한편, 몇 명의 조선인들은 비밀리에 그 성경을 가지고 조선으로 들어와 판매하기 시작하였다. 또한 서상륜은 1884년 한국 교회의 효시가 된 소래 교회를 개척하였는데, 그의 동생 경조景祚는 언더우드 Horace Grant Underwood에게 세례를 받고 신학을 공부하여 한국 최초의 목사가 된 7명 중의 한 사람이다.

넷째, 토마스가 순교하게 된 제너럴셔먼 호 사건으로 인해 조선과 미국은 통상 조약을 맺게 되었다.

토마스가 타고 왔던 상선 제너럴셔먼 호 사건을 조사하기 위하여 1867년 미국 정부는 미국 전함 워추세트 호를 조선으로 보냈는데, 이 배에는 토마스를 안내했던 우웬타이와 미국의 코빗 선교사가 통역사 자격으로 승선하고 있었다. 사령관 로버트 슈펠트 Robert W. Shufeldt 제독은 고종에게 공식

한국 교회 최초의 목사(뒷줄 왼편부터 방기창, 서경조, 양전백, 한석진, 이기풍, 길선주, 송인서)

에필로그 _ 한 알의 밀알은 풍성한 열매를 맺고

작전 회의 중인 로저스 제독

서한을 보내는 데 성공하기는 했지만, 특기할 만한 답변을 얻지 못하자 열흘 만에 되돌아갔다.

1868년 4월, 미국 전함은 재차 조선에 파견되었다. 이번에는 존 페비거John C. Febiger가 이끄는 셰넌도어 호였다. 이들 역시도 조선과의 평화 조약은 시기상조라는 정보만을 지니고 돌아갔다.

진상을 조사하고 손해 배상을 요구하고자 조선과의 통상 관계를 수립하려는 미국의 노력은 끊이지 않았다. 1871년 4월 아시아 함대 사령관 로저스John Rodgers는 군함 5척과 군사 1,200여 명을 이끌고 경기도 남양 만에 도착하였다. 강력한 쇄국 정책을 실시하던 흥선 대원군은 미군의 불법 영해 침범을 경고하고 즉시 철수를 요구하였다. 그러나 미군이 경고에도 불구하고 계속 접근해 오자 조선에서는 함대에 포격을 가하였고 미국 함대도 이에 응수함으로써 조선과 미국 사이에 최초로 군사적 충돌이 일어났다.

이렇게 해서 시작된 조미朝美 전쟁, 즉 신미양요辛未洋擾는 치열한 전투 공방 끝에 미국 함대가 아무런 성과 없이 일본으로 철수함으로써 끝이 났다. 병인 양요 이후 서양 세력의 침입에 대비하여 국방을 강화해 온 조선군은 백병전까지 벌이는 치열한 전투를 불사하였고 미국은 조선 군민의 이러한 완강한 저항 때문에 더 버티지 못하였던 것이다.

이렇게 해서 조선과 미국 사이의 국교 수립은 실패했으나 미국은 계속해서 조선 개항의 중요성과 필요성을 염두에 두고 있었다. 그들의 입장에서는 조선과의 수교를 통해 대對아시아 무역 팽창 정책을 구현하고 러시아의 남진 정책을 막을 수 있었기 때문이었다. 이에 신미양요 때와 같은 무력 정책은 지양하고 일본을 중개자로 하여 다시 한번 수교 요청을 해왔다. 그러나 이마저도 일본 측이 거부함에 따라 실패하였고 결국 청나라의 알선에 의해 1882년 고종 19년에 국교와 통상을 목적으로 한 조약을 체결하게 되었다. 이것이 바로 전문 14조로 된 조미 수호 통상 조약으로 불평등이 배제된 이 쌍무 협약을 통해 미국은 한국과 국교를 맺은 최초의 구미歐美 국가가 되었다. 이후로 이 조약은 영국, 독일 등 다른 유럽 국가와 조약을 체결할 때 본보기가 되었다.

이 조미 수호 통상 조약에는 선교의 자유라는 말은 전혀 없다. 그러나 조선에 미국인이 살게 될 경우 안전을 보장해야 하기에 이 조약에 근거하여 중국 상하이에서 의료 사역을 하고 있던 알렌Horace Newton Allen* 선교사가 1884년에 선교사로서는 처음으로 조선에 발을 딛게 되었다. 토마스 선교사가 대동강변에서 죽은 지 18년이 지난 후의 일이었다.

이로써 제너럴셔먼 호 사건, 일명 토마스 사건은 조선이 기독교 선교에 대하여 합법적인 문을 여는 데 결정적인 단서를 제공한 셈이 되었

알렌

알렌 Horace Newton Allen, 1858 – 1932 조선 말기에 미국 북장로교 해외 선교부 의료 선교사이자 외교관으로서 활약한 인물이다. 미국에서 신학을 전공한 후 의과 대학까지 졸업한 그는 1883년 상하이로 파송되어 활동하다가 이듬해 선교사 신분을 감춘 채 공사관 부속 의사로서 한국에 입국하였다. 조선 수구파의 거두인 민영익(閔泳翊)을 치료하여 고종의 신임을 얻고 한국 최초의 근대식 병원인 광혜원(廣惠院)을 설립하였다. 이후 주미 전권 공사 박정양(朴定陽)의 수행원으로 도미(渡美)하였다가 1890년 다시 의료 선교사로 내한하였다. 주한 미국 공사 겸 서울 주재 총영사 등을 역임하며 외교 활동을 수행하다가 1905년 을사 조약 체결 이후 귀국했다.

토마스 선교사 순교 기념 교회

으니, 조선 선교 역사에 있어 중요한 역할을 감당했다는 점을 부정할 이 없을 것이다.

웨일스 출신의 젊은 선교사 토마스가 순교한 지 60년이 지난 1926년 11월 14일, 서울 승동 교회에서는 토마스 목사 순교 60주년 기념 예배가 드려졌다. 또한 다음해인 1927년 5월 8일에는 토마스가 묻힌 대동강변 쑥섬에서 천여 명의 교인들이 모여 기념 추모 예배를 드렸다.

그리고 1932년 9월 14일 드디어 평양 땅에 토마스 선교사 순교 기념 교회가 세워졌고, 그의 이름 첫 글자를 따서 T자 모양으로 지어진 예배당에서 성대한 헌당식이 올려졌다.

어느 누가 생을 원치 않겠는가? 어느 누가 자신의 젊음을 귀하게 여기지 않겠는가?

그러나 로버트 저메인 토마스, 그는 시대보다 앞서간 의지의 표명으로 오해를 사는 한편, 타고난 인간적인 약점으로 여는 젊은이들처럼 고통과 번민을 겪으면서도 마지막 순간까지 이 땅에 복음의 씨앗을 뿌리고자 자신이 할 수 있는 바를 다하였다. 그 향기가 너무도 강하고 향기로워 그 삶의 굴곡이나 파란을 덮고도 남아 지금까지도 짙게 흐르고 있다.

그는 오랜 방황과 망설임과 시행착오 끝에 길을 찾아내었다. 그는 기꺼이 눈에 맞아 휘어드는 잎 푸른 대가 되었다. 스스로가 땅에 떨어져 죽은 한 알의 밀이 되었다. 그럼에도 본연의 절개를 굽히지 않았기에, 뜨거운 가슴으로 말없이 이 땅의 양분이 되었기에 그의 젊음과 헌신은 풍성한 열매로 한국 교회사에 영원히 남게 되었다. 명분이나 언변으로가 아니라 그의 눈물과 몸과 영혼으로 죽음다운 죽음은 영광임을 증명하였다.

"모든 육체는 풀과 같고 그 모든 영광이 풀의 꽃과 같으니 풀은 마르고 꽃은 떨어지되 오직 주의 말씀은 세세토록 있도다 하였으니 너희에게 전한 복음이 곧 이 말씀이니라" 베드로전서 1:24-25.

토마스와 교분을 나누었던 **폴린 모라슈가**
토마스의 아버지에게 보낸 위로 편지 중에서

존경하는 선생님께

얼마 전에 저의 친구인 에드킨스 선교사로부터, 아드님에 대한 소식을 제가 전할 것이라는 서신을 받으셨을 줄로 믿습니다.

제가 토마스 선교사를 처음 만난 것은 1864년 여름 그가 베이징에 도착했을 때였습니다. 저는 그의 근본적인 성실함과 위선적이지 않은 말투에 무척 호감이 갔습니다. 중국인들 역시 저에게 말하기를, 토마스는 따뜻하고 친절하며 무엇보다도 중국어를 정말 잘 구사한다고 했습니다.

그 후에 제가 들은 소식은 그가 런던 선교회를 사임했다는 것이었습니다. 심란하고 안타까워 에드킨스 부인에게 그의 사임 이유를 물어 보았습니다. 토마스는 독립적인 면이 있긴 하지만, 이번 사임은 사소한 일이 발단이 되었고 상하이 지부장인 뮤어헤드에 의해서 어쩔 수 없이 진행된 일이라는 이야기를 들었습니다.

아드님은 조선 선교를 마치고 1865년 12월 추운 겨울에 베이징으로

Letter
Letter
Letter

옛 베이징의 천단

돌아왔습니다. 저는 그 무렵 에드킨스 선교사를 일주일에 한두 번씩 만나고 있었고, 아드님 역시 프랑스 공사관 의사인 제 아들과 친분을 나누고 있었습니다. 제가 보기에 그에게는 분명 이상한 친화력이 있었습니다.

토마스 선교사는 또한 완벽한 복음 전도자였습니다. 그는 런던 선교회에서 세운 교회에 매일 나가서 오전 10시부터 오후 4시까지 설교하였습니다. 50명에서 100명 정도가 그 복음을 듣고 회심하였는데, 그들은 인내와 진실된 마음으로 성실하게 설교를 들었습니다.

이렇게 매일 복음을 전하는 외에 그는 주일마다 세 군데의 교회에서 또 설교하였습니다. 설교는 에드킨스와 토마스 그리고 중국인 전도사들만 하였는데, 베이징에 있는 다른 선교 단체의 선교사들보다 훨씬 더 열심히 사역하였습니다. 놀랍게도 그 설교를 듣던 사람들 가운데 10여 명이 또한 주님을 영접했습니다.

저는 설교를 듣거나 책을 읽으면서 개종하는 경우를 종종 접했지만 이렇게 많은 사람이 한꺼번에 개종하는 것은 본 적이 없습니다. 아드님

1900년경 베이징 성벽

옛 베이징 풍경

이 정말 능력 있는 사역자라는 데는 의심할 여지가 없습니다. 그는 중국인들을 끌어들이는 묘한 능력이 있어서 시간이 지날수록 모두에게 더욱 필요한 사람이 되고 있었습니다.

중국인의 문화에는 특이한 점이 많이 있습니다. 밭에서 일하는 농부들도 외부 사람이 그의 가정이나 나이에 대해 마땅한 예의를 차리지 않고 길을 물어보면 가르쳐 주지 않습니다. 서양 선교사들은 대개 이 중국 예절에 대해서 잘 알고 있습니다만, 제대로 예를 차리는 선교사는 극소수입니다. 그런데 바로 아드님이 그 소수의 사람 중 한 명이었습니다.

한편으로 중국인들은 유럽에서 정통 교육을 받은 아드님에게 기품 있는 온화한 신사를 기대했습니다. 토마스 선교사는 이 요구와 기대조차도 충분히 만족시키는 인물이었습니다.

언어에 대해서 유별나게 비상한 재능이 있었던 그는 유심히 이국 사람들의 생활 방식을 관찰하였고 그것을 통하여 쉽게 그들의 친구가 되었습니다.

1900년경 중국인들

　중국과 중국어에 대한 그의 지식과 예의는 복음에 대하여 중국 상류 사회가 문을 열게 하였습니다. 이는 베이징에 있는 어느 선교사도 시도해 보지 못했던 일이었습니다.

　조선에서 9명의 프랑스인 천주교 선교사들이 살해당하는 일이 벌어졌습니다. 유일하게 조선을 탈출해 나온 신부에게 이 소식을 전해 들은 베이징 주재 프랑스 대리 공사 벨로네는 즉시 조선 공격을 결정하고 프랑스 해군 제독 로즈에게 진군 명령을 내렸습니다.
　프랑스 영사관의 통역관은 토마스 선교사가 이 일에서 중요한 역할을 할 수 있다는 이야기를 대사에게 했습니다. 조선에 다녀왔으며 조선말을 알고 있는 그는 이 직무에 꼭 적합한 사람이었습니다. 베이징의 외국인들은 모두 토마스의 자질과 진가를 진작에 인정하고 있었습니다.
　중국에 파송된 런던 선교회 소속 선교사들은 중요한 사항에 대해서는 투표로 의사를 결정하게 되어 있었습니다. 에드킨스의 말로는 프랑스 군대가 조선을 방문하는 것과 토마스가 통역으로 가는 것에 대하여 선교사 회의에서 두 가지 면에서 반대가 있었다고 합니다. 하나는 미국의 정치적인 반감이고 다른 하나는 그 사건이 로마 천주교에 관한 것이지 개신교 측과 관련된 내용이 아니라는 것이었습니다.

저는 에드킨스에게 인도적인 차원에서 왜 잔인하게 죽어가는 사람들을 도와주지 않는 것이냐고 진지하게 물었습니다. 그의 말로는 오늘 밤에 회의가 있을 것이라고 했습니다. 아마 그들은 천주교인들을 돕는 문제에 대하여 진지하게 토론할 예정인 것 같습니다.

매년 겨울 조선 정부의 사절단 일행이 베이징에 찾아와 머뭅니다. 개인적으로 볼 때 조선인들은 좋은 사람들 같으며 확신이 있어 보이고 서양 사람들에게도 중국인들보다는 친숙하게 행동하고 악의가 없어 보입니다. 조선인이더라도 한문을 아는 사람은 저희가 건네 주는 기독교 서적을 기꺼이 받아 줍니다.

아시다시피 아드님은 이미 한번 조선을 다녀왔고 조선말을 계속 공부해 왔습니다. 베이징의 선교사들은 그에게 한번 더 조선에 가서 복음의 문을 열 수 있도록 하였습니다. 저는 프랑스 통역관으로부터 벨로네 프랑스 대리 공사가 토마스와 함께 조선에 가게 되어 기뻐한다는 말을 들었습니다.

토마스는 저에게 이 결정은 개인을 위한 것이 아니라 복음을 전하기 위한, 사역을 위한 것이라고 했습니다. 그는 또한 이번 여행으로 인하여 사례비 받는 것을 거절하였습니다. 에드킨스는 지도를 잘 그리는 중국인 사역자 한 명을 그와 함께 가도록 했습니다.

아드님 일행이 베이징을 떠나고 얼마 후에 저희도 텐진으로 갔는데, 그 곳에서 항해를 기다리는 아드님을 다시 만날 수 있었습니다. 그런데 텐진에 머무는 일주일 동안 프랑스 영사가 토마스에게 즈푸에 가지 말라는 벨로네 대리 공사의 편지를 전해 주었습니다. 토마스가 즈푸에서 만나기로 했던 로즈 제독이 당시 프랑스령이었던 베트남 사이공의 소요 사태를 진압하려고 이미 즈푸를 떠났기 때문이었습니다. 토마스는 그 소식이 확실하지 않다고 생각했습니다.

토마스는 "예전에 그 곳 사람에게 돈을 빌려 주었었는데 이번 여행에 경비가 든다면 그 돈을 돌려받아 쓰면 될 것 같으니 일단 즈푸로 가는 것이 어떻겠느냐?"고 제안했습니다. 우리는 그의 생각에 동의했습니다. 제 아들

중국에 파송된 선교사들

베이징의 외국인들

은 이번 여행에는 경비가 많이 들기에 계산을 해봐야 한다고 토마스에게 이야기했습니다.

토마스는 중국인 사역자와 함께 먼저 즈푸로 떠났으며, 며칠 후 저희도 프랑스로 돌아가기 위해 그 곳에 갔습니다. 토마스는 항구로 마중 나와 친절하게도 안전한 거처를 준비해 주는 등 저와 제 아들 부부와 손자 둘을 성심껏 도와주었습니다.

로즈 제독은 조선에 가기 위해 돌아오겠다는 약속을 남기고 베트남으로 갔지만, 2주 후 토마스 선교사는 제게 로즈 제독을 기다리지 아니하고 조선으로 가겠다고 했습니다.

아, 그리고 저는 그를 다시 보지 못하였습니다.

몇 개월이 지난 후 믿을 수 없는 소식을 이 곳 프랑스에서 신문으로 보았습니다. 그 소식을 듣고 저는 병이 들었습니다. 정말 우울할 때는 그 잔혹한 사건의 현장을 떠올리며 이것저것 생각하지 않을 수 없었습니다.

그에게 얼마나 고통스러운 시간이었을까요? 하지만 그가 죽음의 어두운 골짜기를 지날 때 주님이 함께 계셨을 것이 분명하기에 고통은 우리의 생각일 뿐 그에게는 편안한 시간이었을지도 모르겠습니다. 우리 모두는 주님의 약속 안에서 희망을 갖기 때문입니다.

제 안목으로는, 아드님은 주님을 사랑하였으며 성심으로 하나님을 섬겼습니다. 그가 복된 천국에 도달했음을 확신합니다. 우리가 죄로 고생하고 대항하여 분투할 때 주님의 뜻이 이 땅에 이루어지이다.

최소한 지금보다 나은 행복한 시간이 오리라고 기대합니다. 아드님의 삶은 주님을 기쁘시게 했습니다. 그는 조선 땅에 복음을 전하는 일에 성공하였습니다. 시간이 지난 후에 그가 왜 조선에 갔는지 알려지게 되면 그의 이름이 더욱 영광을 받을 것입니다.

당신의 아들 토마스를 기억하는 사람은 항상 그의 친절과 적극적인 삶을 기억할 것입니다.

존경하는 선생님! 깊은 연민과 함께 드리는 저의 편지가 조금이라도 도움이 되기를 바랍니다.

폴린 모라슈
1867년 11월 1일 프랑스

토마스 선교사의
삶과 사건들

1810년	5월 22일, 영국 웨일스 렉섬에서 토마스 선교사의 부친 로버트 토마스 태어나다.
1837년	로버트 토마스가 회중 교회 목사로 안수를 받다.
1837년	5월, 뉴타운 출신의 메리 로이드 윌리엄스와 결혼하다.
1838년	웨일스 스완지에서 로버트 토마스의 장남 윌리엄 칼빈 토마스 태어나다.
1839년	9월 7일, 웨일스 라야더에서 로버트 토마스의 차남으로 로버트 저메인 토마스 태어나다. 이어서 여동생 엘리자베스, 애니, 새러, 메리 태어나다.
1848년	로버트 토마스 목사가 라야더 태버내클 교회를 사임하고, 슬라노버에 있는 하노버 교회에 부임하다. 로버트 저메인 토마스는 슬라노버의 유지 벤자민 홀이 세운 초등 교육 기관에서 교육받기 시작하다.
1851년	벤자민 홀 경의 아내, 오거스타 웨딩턴의 후원 아래 슬란도버리 칼리지에 장학생으로 입학하다.
1853년	옥스퍼드 대학교 지저스 칼리지의 장학생이 되다.
1855년	잉글랜드 온들에 교사로 부임하다.

1857년	9월, 런던 대학교 뉴칼리지에 입학하다.
1863년	5월 29일, 켄티시타운 교회에서 캐롤라인 고드프리와 결혼하다.
1863년	6월, 런던 대학교 뉴칼리지를 졸업하다.
1863년	6월 4일, 웨일스 슬라노버 하노버 교회에서 목사 안수를 받다.
1863년	7월 21일, 런던 선교회 소속 선교사로서 아내 캐롤라인과 함께 중국행 폴메이스 호에 승선하다.
1863년	12월, 중국 상하이에 도착하다. 당시 런던 선교회 상하이 지부장이었던 윌리엄 뮤어헤드와 친분을 맺다.
1864년	3월, 중국 중부 내륙 지역에 있는 한커우의 그리피스 존 선교사를 방문하다.
1864년	3월 24일, 아내 캐롤라인이 유산 후 병사하다.
1864년	12월, 런던 선교회를 사임하고 상하이를 떠나 즈푸로 가다.
1864년	12월, 즈푸 주재 중국 해양 세관 검사관이었던 로버트 하트의 제안으로 즈푸 세관원의 통역관으로 근무하기 시작하다.
1865년	즈푸를 방문한 조선 천주교인들과 조우하다.
1865년	7월 27일, 즈푸 세관 통역관 자리를 사임하다.

1865년	8월, 런던 선교회 소속 선교사로 재임명되다.
1865년	9월 4일, 즈푸에서 만난 천주교인 김자평과 중국인 우웬타이의 안내로 제1차 조선 전도 여행을 시도하다.
1865년	9월 13일, 조선 본토에 첫 발걸음을 내딛다.
1866년	생사의 고비를 넘기며 베이징에 돌아와 베이징 교회에서 중국어 예배를 인도하다.
1866년	베이징에서 조선 동지사와 교제하다.
1866년	조선에서 대대적인 천주교 박해인 병인 박해가 일어나다.
1866년	7월, 병인 박해의 진상 조사 함대에 동승하기 위해 베이징을 떠나 톈진으로 가다. 함대 사령관 로즈 제독과의 만남이 무산되어 즈푸로 가다.
1866년	8월 9일, 조선행 미국 상선 제너럴셔먼 호에 승선, 제2차 조선 전도 여행을 시작하다.
1866년	8월 17일, 대동강 급수문에 도착하여 조선 문정관의 방문을 받다.
1866년	8월 22일, 만경대 근처 두로도에 정박해 성경을 나누어 주다.
1866년	8월 28일, 조선 관군과 제너럴셔먼 호 사이에 총격이 오고가다.
1866년	9월 4일, 제너럴셔먼 호가 좌초되다.

1866년	9월 5일, 평양 감사 박규수의 명에 따라 조선 관군이 불붙은 거룻배를 제너럴셔먼 호를 향하여 떠내려보내다. 제너럴셔먼 호는 화염에 휩싸이고 선원들은 물에 뛰어들었다가 죽음을 당하다. 27세의 로버트 저메인 토마스 선교사, 평양 한사정이 바라다보이는 대동강 쑥섬에서 순교하다.
1867년	제너럴셔먼 호 사건의 진상 조사차 미국 전함 워추세트 호가 파견되다.
1868년	역시 제너럴셔먼 호 사건의 진상 조사차 미국 전함 셰넌도어 호가 파견되다.
1871년	조미(朝美) 전쟁, 즉 신미양요 발발하다.
1882년	조선 정부가 미국과 조미 수호 통상 조약을 체결하다. 선교의 자유가 보장되다.
1926년	11월 14일, 서울 승동 교회에서 토마스 목사 순교 60주년 기념 예배가 드려지다.
1927년	5월 8일, 대동강변 쑥섬에서 기념 추모 예배가 드려지다.
1932년	9월 14일, 평양 땅에 토마스 선교사 순교 기념 교회 헌당 예배가 올려지다.

참고 문헌

Adams, Kevin. *A Diary of Revival ; The Outbreak of the 1904 Welsh Awakening*. Finland : W. S. Bookwell, 2004.

Clark, Allen D. *A History of the Church in Korea*. Seoul : Christian Literature Society of Korea, 1986.

Evans, Eifion. *Revival Comes to Wales ; The Story of the 1859 Revival in Wales*. Bryntirion : Evangelical Press of Wales, 1979.

_____. *The Welsh Revival of 1904*. Port Talbot : Evangelical Press of Wales, 1969.

Griffis, William Elliot, *A Modern Pioneer in Korea ; The Life Story of Henry G. Appenzeller*. New York : Fleming H. Revell, 1921.

_____. *Corea, the Hermit Nation*. New York : Charles Scribner's Sons, 1882.

Gützlaff, K. F. A. *Journal of Three Voyages along the Coast of China in 1831, 1832 and 1833, and Notices of Siam, Corea and the Loo-Choo Islands*, London : Westley & Davis, 1834.

Jones, R. Brinley. *Floreat Landubriense, Celebrating a Century and a Half of Education at Llandovery College*. Llandysul : Gomer Press, 1998.

Moffett, Samuel Hugh. *The Christians of Korea*. New York : Friendship Press, 1962.

Nuttall, Geoffrey F. *New College, London and Its Library Two Lectures*. Friends of Dr. Williams's Library, 1977.

O Mun-hwan, 'The Two Visits of the Rev. R. J. Thomas to Korea', *Transactions of the Korea Branch of the Royal Asiatic Society,* vol. 19, 1930.

Orr, J. Edwin. *The Fervent Prayer ; The Worldwide Impact of the Great Awakening of 1858*. Chicago : Moody Press, 1974.

Osgood, Cornelius. *The Koreans and Their Culture*. New York : Ronald Press Company, 1951.

Rhodes, Harry A. and Campbell, A. *History of the Korea Mission, Presbyterian Church U. S. A. 1884-1934*. Seoul : Chosen Mission, Presbyterian Church, U. S. A., 1934.

Ross, John. *History of Corea, Ancient and Modern ; with Description of Manners and Customs, Language and Geography*. Paisley : J. & R. Parlane, 1891.

고무송. 『토마스와 함께 떠나는 순례 여행』. 서울 : 쿰란출판사, 2001.
길진경 편. 『영계 길선주 목사 저작 전집, 제1집』. 서울 : 기독교서회, 1968.
민경배. 『한국 기독교회사』. 서울 : 기독교서회, 1989.
박용규. 『평양 대부흥 운동』. 서울 : 생명의말씀사, 2000.
박용규. 『한국 기독교회사』. 서울 : 총신대학교 교회사연구소, 2001.
백낙준. 『한국 개신교사』. 서울 : 연세대학교출판부, 1990.
오문환. 『도마스 목사전』. 토마스 목사 순교 기념회, 1928.
이만열 외. 『한국 기독교와 민족 운동』. 서울 : 종로서적, 1985.
『한국 기독교 장로회 오십년사』. 서울 : 한국기독교장로회, 1965.

사명선언문

너희가 흠이 없고 순전하여……세상에서 그들 가운데 빛들로
나타내며 생명의 말씀을 밝혀 _ 빌 2:15-16

1. 생명을 담겠습니다
만드는 책에 주님 주신 생명을 담겠습니다.
그 책으로 복음을 선포하겠습니다.

2. 말씀을 밝히겠습니다
생명의 근본은 말씀입니다.
말씀을 밝혀 성도와 교회의 성장을 돕겠습니다.

3. 빛이 되겠습니다
시대와 영혼의 어두움을 밝혀 주님 앞으로 이끄는
빛이 되는 책을 만들겠습니다.

4. 순전히 행하겠습니다
책을 만들고 전하는 일과 경영하는 일에 부끄러움이 없는
정직함으로 행하겠습니다.

5. 끝까지 전파하겠습니다
모든 사람에게, 땅 끝까지, 주님 오시는 그날까지
복음을 전하는 사명을 다하겠습니다.

서점 안내

광화문점 서울시 종로구 새문안로 69 구세군회관 1층
02)737-2288(T) 02)737-4623(F)

강남점 서울시 서초구 신반포로 177 반포쇼핑타운 3동 2층
02)595-1211(T) 02)595-3549(F)

구로점 서울시 구로구 시흥대로 577 3층
02)858-8744(T) 02)838-0653(F)

노원점 서울시 노원구 동일로 1366 삼봉빌딩 지하 1층
02)938-7979(T) 02)3391-6169(F)

분당점 경기도 성남시 분당구 황새울로 315 대현빌딩 3층
031)707-5566(T) 031)707-4999(F)

일산점 경기도 고양시 일산서구 중앙로 1391 레이크타운 지하 1층
031)916-8787(T) 031)916-8788(F)

의정부점 경기도 의정부시 청사로47번길 12 성산타워 3층
031)845-0600(T) 031) 852-6930(F)

인터넷서점 www.lifebook.co.kr